Carrom

Harry Darnhofer · Josef Hantschel

privat (Inge Konrad)

Carrom

Techniken und Regeln für das indische Fingerbillard

Im FALKEN Verlag sind zahlreiche interessante Spielebücher
erschienen. Fragen Sie Ihren Buchhändler!

ISBN 3 8068 1059 1

© 1990/1992 by Falken-Verlag GmbH, 6272 Niedernhausen/Ts.

Titelbild: Peter Pinzer, Idstein
Fotos: Günther Darnhofer, Rottweil
Diagramme: Martin Meier, Oberwil/Zug, nach Vorlagen von
Fredi Egenberger

Die Ratschläge in diesem Buch sind von den Autoren und vom Verlag
sorgfältig erwogen und geprüft, dennoch kann eine Garantie nicht
übernommen werden. Eine Haftung der Autoren bzw. des Verlages
und seiner Beauftragten für Personen-, Sach- und Vermögensschäden
ist ausgeschlossen.

Satz: Jung SatzCentrum, Lahnau
Druck: Konkordia Druck GmbH, Bühl/Baden

817 2635 4453 62

Inhalt

Vorwort

Carrom ist ein billardähnliches Brettspiel, das in vielen asiatischen Ländern zum Volkssport geworden ist. Auch in anderen Kontinenten erfreut es sich seit einiger Zeit immer größerer Popularität: Fingerfertigkeit und Konzentration, Taktik und technische Raffinessen sind nur einige Komponenten, die Carrom so faszinierend machen. Ein weiterer wichtiger Grund für die Beliebtheit dieses Spielsports besteht darin, daß er beinahe unbegrenzte Möglichkeiten an Spielzügen bietet und die Spieler dadurch immer stärker in seinen Bann zieht.

Nicht anders erging es uns! Seit Jahren widmen wir uns diesem Spiel intensiv und nehmen an nationalen und internationalen Turnieren teil. Wir trugen zudem maßgeblich zum Aufbau der deutschen Carromszene und zur Gründung des Deutschen Carrom Verbandes e. V. bei. Dessen Aufgabe ist es, das Spiel einer breiten Öffentlichkeit näherzubringen. Seine Tätigkeit besteht zum überwiegenden Teil darin, Carrominteressenten bei Clubgründungen zu unterstützen, Turniere auszutragen sowie seine Mitglieder auf nationaler und internationaler Ebene zu vertreten. Derartige Verbände gibt es auch in Holland, Österreich und in der Schweiz.

Ihnen, liebe Leser und Leserinnen, den Einstieg in das Spiel und dessen Faszination näherzubringen ist unser Ziel. Wir wollen Sie deshalb zunächst mit den Grundzügen des Spiels vertraut machen. Die Grundspielregeln als Einstieg befähigen Sie, Carrom bereits nach dem Lesen der ersten Buchseiten in die Praxis umzusetzen, bevor Sie sich danach den vielen begleitenden Übungen, Schußtechniken, Regeln und Taktiken zuwenden. Die ausführlich beschriebenen Diagramme helfen nicht nur beim Erlernen der Grundschüsse, sondern sie erläutern auch schwierige Spielsituationen.

Außerdem finden Sie eine umfassende Beschreibung von der Grundausstattung und von dem Zubehör.

Viel Freude beim Lesen und schöne Stunden am »Board« wünschen Ihnen

Harry Darnhofer
Josef Hantschel

Siegeszug des Carrom

Sagen sind zwar niemals ganz wahr, doch steckt in ihnen eine Moral, die häufig bedeutender ist als die reine Wahrheit. So auch die Überlieferung des Carrom, der indische Carromkenner den meisten Glauben schenken. Sie erzählt vom Billardspiel der englischen Offiziere und Händler, also dem Spiel der Kolonialherren. Jedoch die Inder hatten sich ihr eigenes Spiel geschaffen, hatten das Prinzip des vornehmen Billard auf ein einfaches Brett übertragen, das Queue durch ihre Hände ersetzt und eine Fingerfertigkeit entwickelt, die zur Kunst wurde. Aber nicht nur in Indien verbreitete sich Carrom. Durch den Handel der Inder gelangte das Spiel auch nach Sri Lanka, Pakistan, Malaysia, Afghanistan, Burma, Nepal und Bangladesch sowie in den Jemen.

Eine andere Überlieferung findet jedoch ebenso viele Anhänger. Sie berichtet aus dem alten Ägypten von dem Lochspiel der Pharaonen. Auf dem Seeweg trugen es die Ägypter nach Äthiopien und in den Jemen, wo noch heute das Spiel namens »Kairam« auf der Straße und zu Hause gespielt wird. So entdeckten mehrere Historiker in den Quellen der Antike und in den Reiseberichten des griechischen Philosophen Anarchasis ein billardähnliches Spiel und folgern daraus, Carrom sei ein Vorläufer des Billards.

Wie auch immer Carrom entstanden sein mag, fest steht, daß heute allein in Indien über 200 Millionen Menschen, ob arm oder reich, zu Hause und in Clubs organisiert Carrom spielen.

1956 wurde die »All India Carrom Federation« gegründet, der erste Verband weltweit. Da aber zu dieser Zeit auch in Indien regional immer noch nach unterschiedlichen Regeln gespielt wurde, einigte sich der Verband noch im selben Jahr nach Sammlung vieler Erfahrungswerte auf ein einheitliches Regelwerk. In den darauffolgenden Jahren wurde das Spielmaterial besser und daher auch das Spiel variantenreicher. Es ergaben sich technisch mehr Möglichkeiten, das Spiel zu verfeinern.

Aufgrund dieser Veränderungen wurden die Spielregeln überarbeitet und 1969 die erste Ausgabe der »Laws of Carrom« gedruckt. Diese Regeln gelten heute mit geringfügigen Änderungen international.

Asienreisende brachten in den siebziger Jahren dieses Spiel mit nach Europa. Hier ergriff der Schweizer Hanspeter Grimm die Initiative und begann, Carrom zu verbreiten und in seiner Heimat Clubs ins Leben zu rufen.

1979 kam es zur ersten Schweizer Meisterschaft, an der sieben Spieler teilnahmen. Damit war der Grundstein für die Carrombegeisterung in Europa gelegt. Bald darauf knüpften Spieler aus der Bundesrepublik Kontakte zur Schweizer Carromszene. 1984 wurde die erste Deutsche Meisterschaft ausgetragen.

Dieses Jahr war auch ein Meilenstein in der Entwicklung der Bemühungen um einen Carrom-Weltverband: Im Mai 1984 traf Hanspeter Grimm in Madras Mr.Babu, den Sekretär der »All India Carrom Federation«, um alle Voraussetzungen für die Gründung des Weltverbandes zu besprechen. Während seines einjährigen Asienaufenthaltes versicherte Hanspeter Grimm in allen Vorgesprächen seine uneingeschränkte Unterstützung für den zukünftigen Verband und seinen vollen Einsatz bei der Verbreitung des Carrom in Europa, vor allem in der Schweiz, in den Niederlanden und in Deutschland.

Wieder heimgekehrt, organisierte er die ersten internationalen Testturniere in Zürich und Berlin unter Beteiligung asiatischer Spieler. Angetan und motiviert von den spielerischen Leistungen der Asiaten, gab es einen großen Aufschwung in der deutschen Carromszene, und bereits ein Jahr später wurde der Deutsche Carrom Verband e.V. gegründet.

Es folgten zahlreiche Turniere in der Schweiz, in Deutschland und in den Niederlanden. Zu dieser Zeit nahm auch das Interesse der Medien und des Handels immer stärker zu, so daß sich Carrom einer schnell wachsenden Anhängerschaft erfreute.

Im Oktober 1988 war es endlich soweit: In Madras trafen sich Vertreter der Verbände aus der Schweiz, den Niederlanden, der Bundesrepublik Deutschland, der Deutschen Demokratischen Republik, den Malediven, aus Malaysia, Sri Lanka und Indien auf dem Internationalen Carrom Congress. Die feierliche Einweihung des Weltverbandes »International Carrom Federation« bedeutete eine Zeit des Fortschritts und der weltweiten Verbreitung des Carrom.

Der Weltverband vergab nun das erste offizielle internationale Turnier an Deutschland. Es fand Ende 1989 in Heidelberg statt. Für die meisten Spieler war es das erste Zusammentreffen mit der Weltelite. Rundfunk, Fernsehen und Presse berichteten über dieses Turnier und trugen somit weiter zur Verbreitung von Carrom bei.

Inzwischen gibt es in Deutschland viele Clubs, unzählige Spielergemeinschaften und einige hunderttausend Spieler, die zu Hause nur zu ihrem Vergnügen spielen. Für die meisten wird es ein Spiel bleiben, für viele ist es bereits zum Sport geworden.

Gründungsfeier der »International Carrom
Federation« in Madras/Indien im Oktober 1988

I. Internationales Carrom Federation Cup Tour-
nament in Heidelberg im November 1989:
Herren-Einzel mit zwei Schiedsrichtern

Impressionen von einem internationalen
Carromturnier

Grundregeln

Bevor Sie sich in das umfassende Regelwerk sowie in die Beschreibung der Standardschüsse und Schußtechniken einlesen, werden zunächst die wichtigsten Grundregeln knapp erklärt, damit Sie sofort mit dem Spiel beginnen können. Die vielen englischen Fachausdrücke werden nicht nur auf den Turnieren von Schiedsrichtern und den Spielern verwendet, sondern haben sich in der Carromszene eingebürgert. Deshalb werden auch in diesem Buch die gängigen Begriffe benutzt und übersetzt. Leider gibt es für einige Standardschüsse keine prägnante deutsche Übersetzung.

Ziel des Spiels

Mit Hilfe des *Strikers*, des Schußsteins, versucht jeder Spieler die Steine seiner Farbe in den Ecklöchern zu versenken.

Anzahl der Spieler

- Mit zwei Spielern wird ein Einzel, mit vier ein Doppel gespielt.
- Im Einzel sitzen die Spieler einander gegenüber.
- Im Doppel spielen immer die zwei einander gegenübersitzenden Spieler zusammen.

- Ein Spieler darf während eines Spiels, des *Games*, weder den Stuhl bewegen, noch darf er aufstehen.

Anstoß und Seitenwahl

- Durch Auslosung wird entschieden, wer sich zwischen Anstoß und Seitenwahl entscheiden darf.
- Die einmal eingenommene Seite darf während des Games, das aus mehreren Partien besteht, nicht gewechselt werden.
- Wer den Anstoß ausführt, spielt mit den weißen Steinen.
- Der Anstoß wechselt innerhalb des Games nach jeder Partie, dem sogenannten *Board*.
- Solange ein Spieler regelgerecht Steine versenkt, spielt er weiter. Er verliert die Schußberechtigung nach einem Fehlschuß oder bei gewissen Regelverstößen.

Aufstellung der Steine

Der rote Stein, die *Queen*, kommt auf den sogenannten Zentrumskreis. Die übrigen 18 Steine, neun schwarze und neun weiße, werden innerhalb des Innenkreises plaziert (s. S. 11).

Der Striker (Schußstein)

– Der Striker darf überall auf die Grundlinien oder exakt auf einen Grundlinienkreis der eigenen Seite gelegt werden, muß jedoch immer die obere und die untere Grundlinie berühren, bevor man ihn losschießen darf.

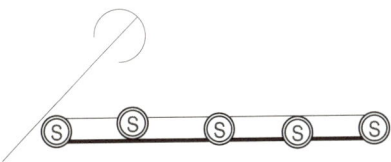

– Legt man den Striker auf den Grundlinienkreis, so muß er diesen vollständig bedecken. Der Striker darf den Pfeil aber auf keinen Fall berühren.

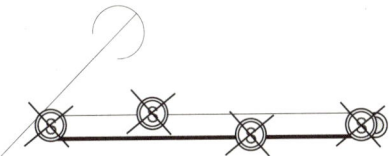

– Der Striker darf in jede Richtung geschossen werden. Man kann auch gegen die Banden spielen oder gegnerische Steine anschießen.
– Solange man eigene Steine oder die Queen regelgerecht versenkt, spielt man weiter.

Die Queen (der rote Stein)

– Die Queen darf erst eingespielt werden, nachdem man einen eigenen Stein versenkt hat.
– Hat man die Queen versenkt, so muß man sie anschließend bestätigen, d. h., man muß mit dem nächsten Schuß einen eigenen Stein versenken.
Gelingt das nicht, wird die Queen wieder aus dem Eckloch genommen, und man plaziert sie auf dem Zentrumskreis oder so nahe daran wie möglich.

- Die Queen muß bereits versenkt sein, bevor ein Spieler seinen letzten Stein einspielt. Schießt ein Spieler seinen letzten Stein vorher ein, so hat dieser Spieler verloren.
- Versenkt ein Spieler gleichzeitig die Queen und den Striker, so nimmt der Gegner die Queen aus dem Eckloch und plaziert sie auf den Zentrumskreis und einen Strafstein im Innenkreis. Der Spieler bleibt aber an der Reihe.

Zählweise

- Wer als erster seine Steine regelgerecht versenkt hat, bekommt so viele Pluspunkte gutgeschrieben, wie gegnerische Steine auf dem Brett liegen.
- Hat der Gewinner auch die Queen erspielt, so bekommt er zusätzlich 3 Punkte.
- Hat ein Spieler jedoch bereits über 21 Punkte, so erhält er keine Extrapunkte für die Queen.
- Ein Game ist zu Ende, wenn ein Spieler 25 Punkte erreicht hat oder wenn acht Boards gespielt sind.

Spielmaterial

Abmessungen des Carromboards

Es gibt im Handel immer noch Spielmaterial zu kaufen, das von dem auf nationalen und internationalen Turnieren verwendeten abweicht. Die folgenden Angaben über Maße und Gewichte entsprechen den Materialvorschriften des Internationalen Carrom Verbandes, der im April 1990 die Zentimeterangaben aufgerundet hat. Sie leiten sich von der Maßeinheit »inch« ab.

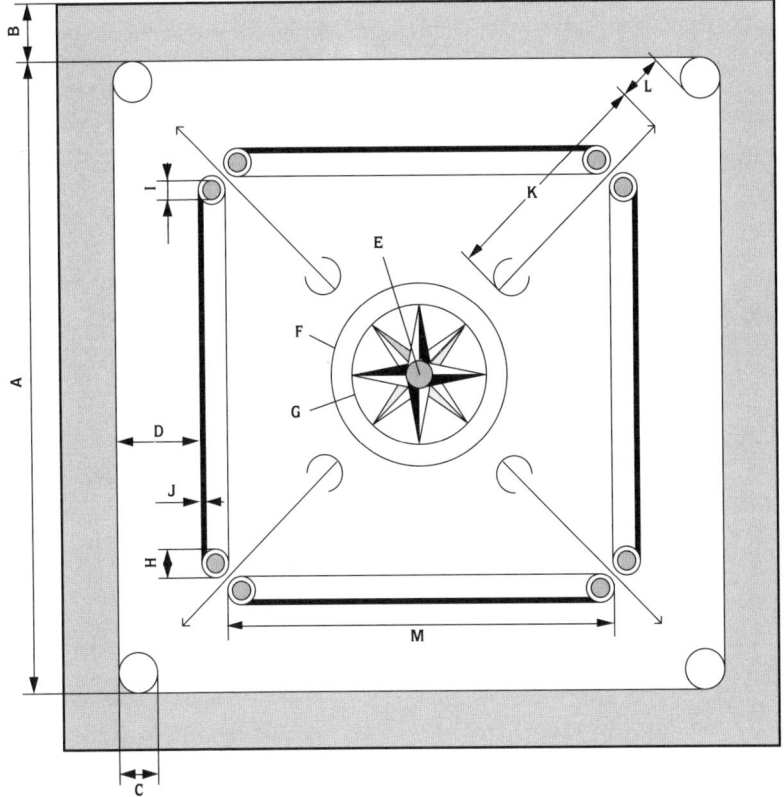

	C : ø 4,45 – 4,53 cm	G : ø 16,2 cm	
	D : 10,15 cm	H : 3,18 cm	K : 26,0 – 27,0 cm
A : 73,5 – 74,0 cm	E : ø 3,18 cm	I : 2,54 cm	L : 5,08 cm
B : 6,35 – 7,60 cm	F : ø 21,3 – 21,5 cm	J : 0,48 – 0,64 cm	M : 47,00 cm

Die Spielfläche

Die Platte des Carromboards ist quadratisch, sie hat eine Seitenlänge von 73,50 cm bis 74 cm sowie eine Stärke von mindestens 8 mm und sollte aus einem widerstandsfähigen, harten Holz bestehen und z. B. ahornfurniert sein. Für die Platte eignen sich am besten sogenannte Leimhölzer wie Tischlerplatten oder Multiplexplatten (mehrfach versiegeltes Sperrholz), da diese witterungs- und formbeständig sind. Die Oberfläche sollte glatt sein, so daß ein mit maximaler Kraft geschossener Striker dreimal gegen die Bande trifft, bevor er etwa in der Mitte des Spielfeldes liegenbleibt.

Es kommt nicht darauf an, eine möglichst spiegelglatte Oberfläche zu haben. Viel wichtiger ist es, daß das Board bei Benutzung eines Gleitmittels ein gutes und vor allem gleichbleibendes Gleitverhalten behält, denn man gewöhnt sich daran und stimmt seine Schußstärke darauf ab. Die Spielfläche ist optimal, wenn der Spielstein zunächst mit gleichbleibender Geschwindigkeit absolut geradlinig gleitet, dann allmählich an Geschwindigkeit verliert und schließlich liegenbleibt, ohne dabei seine Richtung zu ändern.

Grundlinien und Grundlinienkreise

Die Grundlinien befinden sich auf allen vier Seiten der Spielfläche und bestehen aus zwei geraden Linien, die parallel zu den Banden verlaufen. Die untere der beiden Grundlinien ist 10,15 cm von der Bande entfernt, die darüberliegende Grundlinie 13,33 cm.

Die Grundlinien werden durch die Grundlinienkreise abgeschlossen. Der äußere Grundlinienkreis hat einen Durchmesser von 3,18 cm, der innere von 2,54 cm. Die Fläche des inneren Grundlinienkreises sollte mit roter Farbe gekennzeichnet sein.

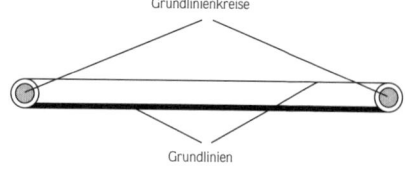

Grundlinienkreise

Grundlinien

Die Pfeile

Vier Pfeile verlaufen vom Mittelpunkt der Spielfläche aus in einem Winkel von 45 Grad zu den vier Ecklöchern und haben eine Länge von 26,67 cm.

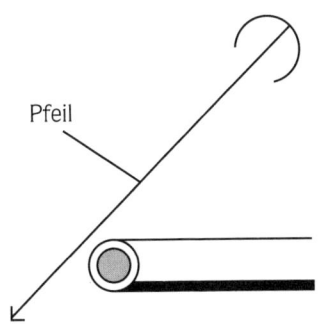

Pfeil

Zentrums-, Innen- und Außenkreis

In der Mitte des Boards befinden sich der Zentrumskreis mit einem Durchmesser von 3,18 cm, der Innenkreis mit 16,20 cm und der Außenkreis mit 21,30 cm bis 21,50 cm. Die Innenfläche des Zentrumskreises ist rot, die Linien von Innen- und Außenkreis sind schwarz. Deren einfache, dekorative Muster dürfen den Zentrumskreis nicht bedecken.

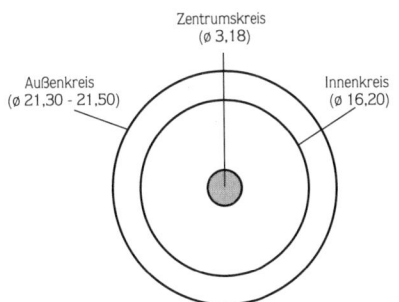

Zentrumskreis
(ø 3,18)

Außenkreis
(ø 21,30 - 21,50)

Innenkreis
(ø 16,20)

Ecklöcher und Netze

Die runden Ecklöcher, auch Ecktaschen genannt, haben einen Durchmesser von 4,45 cm und sollen innerhalb der Spielfläche liegen, wie es die Abb. a zeigt.
An der Unterseite des Carromboards ist unter jedem Eckloch ein Netz angebracht.

a: richtig

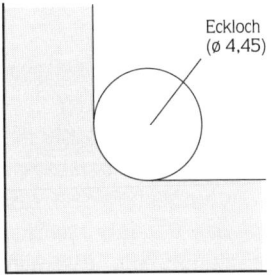

Eckloch
(ø 4,45)

b: falsch

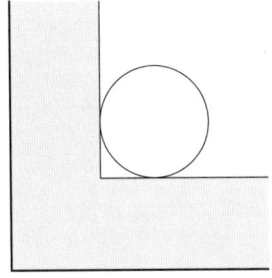

c: falsch

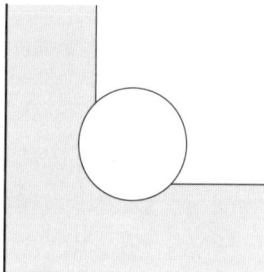

Die Banden

Die Banden umgeben die Spielfläche und sind von ihr aus gemessen zwischen 1,90 cm und 2,50 cm hoch. Sie sollten aus einem harten, widerstandsfähigen Holz wie Buchenholz sein, das einen guten Bandenrückstoß bewirkt. Die Breite der Bande liegt zwischen 6,35 cm und 7,60 cm. Ihre Innenseite ist in den Ecken abgerundet.

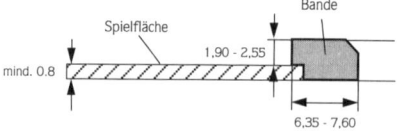

Striker und Steine

- Der Striker
  Der Striker ist kreisrund, hat einen Durchmesser von maximal 4,13 cm und ein Höchstgewicht von 15 g, und er kann aus unterschiedlichsten Materialien, vorzugsweise aus Kunststoff, gefertigt sein. Auf Turnieren sind Striker mit sichtbaren Metallteilen nicht zugelassen. Legen Sie besonderen Wert auf eine vollkommen plan geschliffene Unterseite des Strikers, die Voraussetzung für optimale Gleitfähigkeit.

- Die Steine
  Die Steine – 9 weiße, 9 schwarze und die rote Queen – sind aus Holz, haben einen Durchmesser von mindestens 2,86 cm und höchstens 3,18 cm. Die Höhe der Steine kann zwischen 0,64 cm und 0,95 cm betragen, das Gewicht liegt zwischen 5,25 g und 6 g. Die konzentrisch eingedrechselten Ringe gewährleisten die Gleiteigenschaft und die optimale Lauffähigkeit.

Zubehör

- **Das Gleitmittel**
  Damit die Spielfläche trocken und glatt bleibt, also eine Gleitfähigkeit hat, bestreut man die Spielfläche mit Pulver, das gleichmäßig aus einer Streudose verteilt und mit den Handflächen verrieben wird.
  Da es noch keinen Ersatz für das in Europa verbotene, gesundheitsschädliche Borsäurepulver gibt, kann man Kartoffel- oder Weizenstärke benutzen. Die Gleiteigenschaft ist ähnlich, jedoch etwas schneller, als vom Borsäurepulver. Wichtig ist bei allen Pulversorten, daß sie trocken sind.

- **Der Stand oder Tisch**
  Der Stand oder Tisch, auf dem das Carromboard liegt, sollte eine Höhe von 63,50 cm bis 70,00 cm haben. Die Spielfläche des Carromboards muß waagerecht aufliegen, und das Carromboard darf nicht verrutschen. Der Handel bietet spezielle Carromständer an.

- **Die Lampe**
  Über dem Carromboard muß eine Lampe befestigt sein, um das Pulver und die Spielfläche zu erwärmen. Die Glühbirne soll zwischen 60 und 100 Watt stark sein, denn dadurch entsteht ein gutes Gleitverhalten des Boards. Ideal sind herkömmliche Bürolampen, die man am Rahmen des Boards anbringen kann. Das Licht soll nur Spielfläche und Rahmen, nicht aber das Gesicht der Spieler treffen.

- **Der Stuhl**
  Die beste Sitzhöhe liegt zwischen 40,00 cm und 52,00 cm. Ein ungepolsterter Stuhl ohne Armlehnen bietet eine optimale Bewegungsfreiheit für die Schußabgabe.

Schußtechniken

Schußabgabe

Welchen Finger man für den Schuß verwendet, ist jedem Spieler selbst überlassen. In den nachfolgenden Abbildungen werden die drei gebräuchlichsten Möglichkeiten gezeigt:

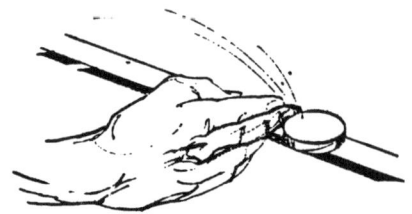

Schuß nach rechts hinter die eigene Grundlinie

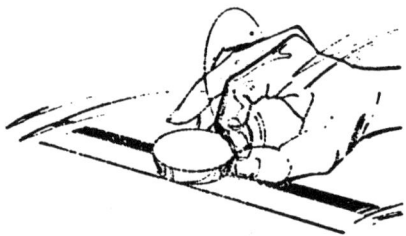

Schuß nach vorn

– Ein Schuß sollte mit der Fingerspitze eines Fingers ausgeführt und dabei durch die anderen Finger unterstützt werden (s. Grifftechniken). Jedoch darf die Schußhand nur bis zum Handgelenk auf das Brett gelegt werden.

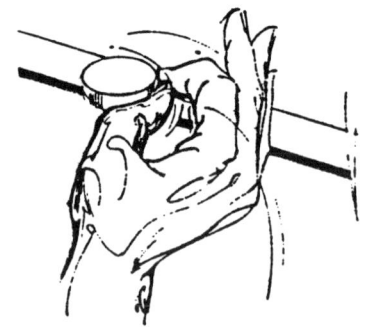

Schuß nach links hinter die eigene Grundlinie

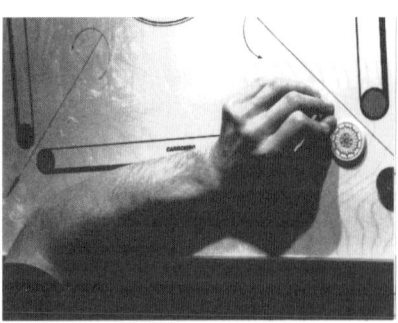

Die richtige Haltung der Schußhand

– Der Schußfinger wird immer direkt an den Striker gelegt. Tut man das nicht, verringert sich zum einen die Treffsicherheit, und zum anderen schmerzt der Finger.

18

– Der Striker soll nur geschossen, nicht aber gestoßen oder geschoben werden.
– Hat man einmal die rechte oder die linke Hand als Schußhand gewählt, darf sie während eines Boards nicht mehr gewechselt werden. Lediglich bei Daumenschüssen ist es erlaubt, wahlweise die rechte oder die linke Hand einzusetzen.
– Ein Anstoß gilt aus ausgeführt, wenn der Striker eine der beiden Grundlinien oder den Grundlinienkreis verlassen hat, oder aber wenn er einen Stein bewegt hat, ohne daß er selbst dabei eine der beiden Grundlinien oder den Grundlinienkreis verlassen hat.
– Unter einem ausgeführten Schuß versteht man, daß der Striker und die Steine zum Stillstand gekommen sind.
– Erst wenn ein Spieler den Striker nach einem ausgeführten Schuß von der Spielfläche entfernt hat, ist der Gegner berechtigt, den Striker zur Schußabgabe zu legen.
– Nach einem ausgeführten Schuß muß der Spieler seinen Striker sofort von der Spielfläche nehmen.

Fehlschüsse

– Versenkt ein Spieler nur den Striker, so wird ein bereits versenkter Stein dieses Spielers aus dem Eckloch herausgenommen und vom Gegner als Strafstein im Innenkreis plaziert. Hat der Spieler noch keinen Treffer, so wird der Strafstein bei nächster Gelegenheit fällig. Der Gegner spielt weiter.
– Versenkt ein Spieler den Striker und einen Spielstein des Gegners, so zählt der Stein für den Gegner, und der Spieler bekommt einen Strafstein. Der Gegner spielt weiter.
– Versenkt ein Spieler den Striker und einen eigenen Stein, so werden vom Gegner zwei Strafsteine innerhalb des Innenkreises plaziert, aber der Spieler bleibt an der Reihe.

Körperhaltung

Bei nahezu allen Anfängern kann man beobachten, daß eine falsche Körperhaltung der Grund für eine ungenaue Schußabgabe ist. Rücken Sie zuerst den Stuhl so weit vom Board ab, daß Sie etwa 20 cm davon entfernt sitzen. Bedenken Sie, daß Sie während des Spiels den Stuhl nicht bewegen und selbst nicht mehr aufstehen dürfen. Vor jeder Schußabgabe dürfen Sie Ihre

Körperhaltung verändern. Versuchen Sie also, Ihren Oberkörper so zu drehen, daß Sie ihn in einen rechten Winkel zur Schußlinie bringen (a, b). Kopf, Schußfinger und der zu treffende Punkt am Striker sollten eine Linie bilden (c, d). Dabei dürfen Sie jedoch keinen Regelverstoß begehen.

Ein Regelverstoß liegt vor, wenn bei der Schußausführung
– der Ellbogen über die gedachte Verlängerung der Pfeillinien, auch außerhalb des Boards, hinausragt. Die Finger und die Hand dürfen hingegen die Pfeile kreuzen (e);
– ein anderer Körperteil die Verlängerung der Pfeillinien kreuzt; hier zum Beispiel das rechte Bein (f);
– die Hand, mit der Sie nicht spielen, den Stuhl, das Board, den Tisch oder den Stand berührt (f, g);
– die Beine das Board oder den Tisch (Stand) berühren oder am Stuhlbein eingehakt werden (f).
– Die Spielhand darf die Spielfläche nur bis zum Handgelenk berühren. Dabei darf der Unterarm auf dem Rahmen des Boards liegen.

a: falsch

b: richtig

c: falsch

d: richtig

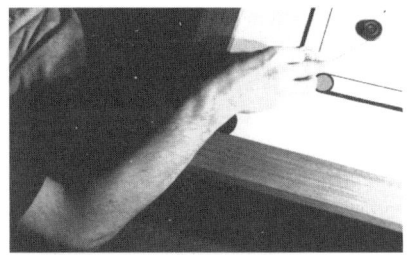

e

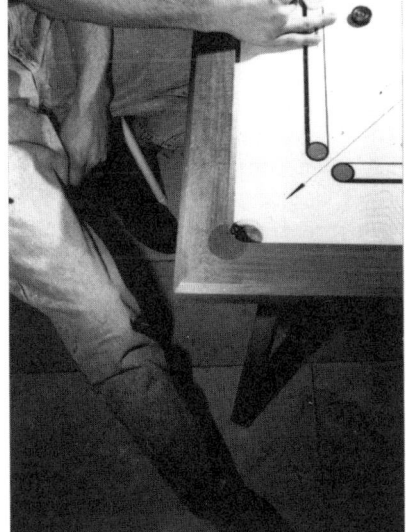

f

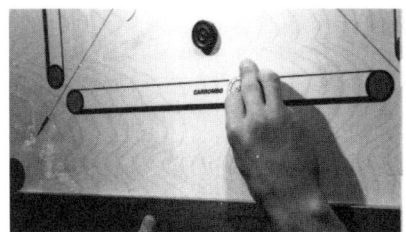

g

Grifftechniken

Für welche der Grifftechniken Sie sich entscheiden, sollten Sie nicht zu sehr davon abhängig machen, was Ihnen andere sagen, oder was Sie bei anderen Spielern beobachten, sondern davon, welcher der nachfolgend gezeigten Griffe Ihnen am meisten liegt, denn das Nachahmen der Technik eines Spitzenspielers führt Sie nicht zwangsläufig zum gleichen Erfolg.

Bemühen Sie sich, die Ihnen angenehmste Grifftechnik zu finden und diese möglichst perfekt zu beherrschen. Unumgänglich ist neben Ihrer gewählten Grifftechnik der Daumenschuß, da nur dieser ein sicheres Versenken der hinter den eigenen Grundlinien liegenden Steine ermöglicht.

Für alle Techniken gilt eine Grundvoraussetzung: Sie erlangen nur dann Treffsicherheit, wenn Sie den Striker vor dem Schuß direkt mit dem Schußfinger berühren.

Üben Sie zunächst einige Male, den Striker gerade abzuschießen. Dazu denken Sie sich eine Senkrechte durch den Mittelpunkt des Zentrumskreises zur Grundlinie und plazieren dort den Striker. Nun schießen Sie den Striker exakt über den Zentrumskreis gegen die gegenüberliegende Bande. Kommt der Striker auf dieser gedachten Linie wieder zurück, hat der Schußfinger den Striker genau an der richtigen Stelle getroffen.

Grifftechnik 1

Diese Abbildung zeigt die einfachste Grifftechnik: Legen Sie den Handballen auf den Rahmen des Boards, und stellen Sie den Zeigefinger mit der Fingerspitze auf die Spielfläche. Nun legen Sie den Daumen an den Zeigefinger an; die anderen Finger werden ausgestreckt und berühren ebenfalls die Spielfläche. So erreichen Sie eine sehr gute Stabilität der Hand. Gehen Sie mit dem Zeigefinger so nah an den Striker, daß Sie ihn berühren. Wenn Sie Druck mit dem Daumen auf den Zeigefinger ausüben, entsteht Spannung in beiden Fingern. Jetzt können Sie den Striker abschießen. Je größer der Druck des Daumens auf den Zeigefinger ist, um so stärker kann der Striker geschossen werden. Es kommt oft vor, daß man zuwenig Platz hat, um die Finger auszustrecken. Dann sollten Sie sie so krümmen, daß zumindest die Fingerkuppen die Spielfläche berühren. Sie werden diese Griffe bei konsequenter Übung in Kürze beherrschen.

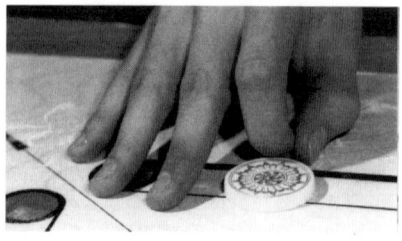

Grifftechnik 2

Die Grifftechnik auf der Abbildung unten sieht schwieriger aus, als sie ist. Alle Finger berühren die Spielfläche. Für die Schußabgabe sind Daumen, Zeigefinger und Mittelfinger ausschlaggebend. Der Zeigefinger wird durch den Druck, den Daumen und Mittelfinger auf ihn ausüben, angespannt. Durch die Stärke des Drucks auf den Zeigefinger bestimmen Sie die Schußgeschwindigkeit. Jetzt können Sie den Zeigefinger loslassen, um den Striker abzuschießen.

Mit dieser Grifftechnik werden Sie bald zielsicher zwei Steine auf einmal anspielen, einen Stein stark anschneiden (s. S. 35) oder einen sogenannten Preßschuß ausführen (s. S. 42).

Sie können diesen Griff zwar recht schnell lernen, müssen ihn aber immer wieder üben, um ihn sicher einzusetzen.

Grifftechnik 3

Dieser Griff gehört zu den schwierigsten der hier gezeigten Grifftechniken. Mit Ausnahme des Zeigefingers, der etwas über der Spielfläche gehalten wird, berühren die Finger die Spielfläche. Der Zeigefinger wird zwischen Daumen und kleinem Finger angespannt. Die anderen Finger liegen so nah wie möglich am Striker. Durch Druck von Daumen und kleinem Finger auf den Zeigefinger entsteht in diesem Finger eine Spannung. Nun können Sie den Zeigefinger loslassen und den Striker abschießen.

Mit dieser Grifftechnik sind sehr starke Schüsse möglich. Leichte Schüsse hingegen, die nur langsam über die Spielfläche gleiten sollen, sind schwieriger auszuführen. Deshalb bevorzugen Spieler, die diese Grifftechnik verwenden, eine Spielfläche, die nicht zu schnell ist.

Grifftechnik 4

Den sogenannten Scherengriff (4a, b) sieht man hauptsächlich bei den Spielern aus Sri Lanka. Alle Finger können die Spielfläche berühren, müssen es aber nicht. Der Daumen wird dabei entweder hinter dem Schußfinger auf die Spielfläche gesetzt oder liegt an der Innenseite des Schußfingers. Drehen Sie die Hand seitlich, wie auf den Abbildungen zu sehen ist, spannen Sie durch Druck des Zeigefingers den Mittelfinger an, und schießen Sie den Striker ab.

4a

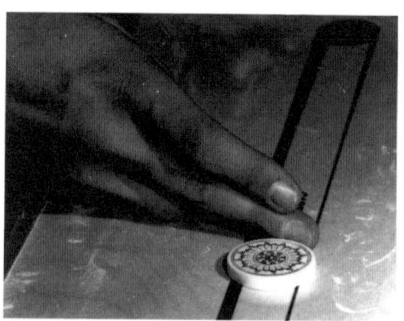

4b

Der Vorteil dieser Grifftechnik besteht darin, daß Sie so problemlos auf jeden Stein schießen können, der hinter den Grundlinien liegt und in den unteren Ecklöchern versenkt werden soll.

Als Rechtshänder ersparen Sie sich einen Daumenschuß mit der linken Hand, als Linkshänder den Daumenschuß mit der rechten. Üben Sie also diese Grifftechnik ständig, damit Sie sie bei Bedarf erfolgreich einsetzen können.

Grifftechnik 5

Der Daumenschuß wird hauptsächlich angewandt, um Steine anzuspielen, die sich auf den Grundlinien oder dahinter befinden, oder um den Striker über die Bande zu spielen, die hinter den eigenen Grundlinien liegt.

Der Daumen wird durch den Zeigefinger angespannt, indem Sie den Zeigefinger an das Nagelbett des Daumens anlegen, um dadurch den nötigen Druck für die Schußabgabe zu erreichen. Die anderen Finger liegen auf der Spielfläche und verleihen der Hand Stabilität. Da der Daumen nach dem Loslassen eine halbkreisförmige Bewegung beschreibt und somit auch der Striker in diese Richtung geht, müssen Sie die Stellung Ihrer Hand dementsprechend ausrichten: Denken Sie sich eine Linie vom Stein zum Striker, und verlängern Sie sie durch den Striker bis zu seiner Außenkante. Dort ist der ideale Berührungspunkt, an dem Sie die Nagelfläche des Daumens anlegen sollten.

Den Daumenschuß müssen Sie mit beiden Händen üben! Mit dem Daumen der linken Hand schießen Sie zur rechten Seite, mit dem Daumen der rechten Hand zur linken Seite.

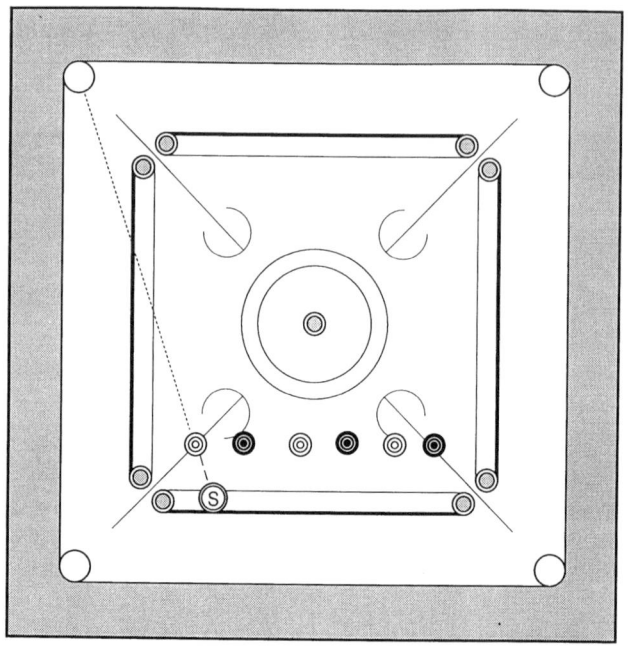

Legen Sie einige Steine etwa 5 cm vor die eigenen Grundlinien und versuchen Sie, die Steine in die oberen Ecklöcher einzuspielen. Ziehen Sie eine gedachte Linie von einem Eckloch durch die Mitte des Steins bis zu Ihren Grundlinien. Wo die gedachte Linie auftrifft, wird der Striker ausgerichtet. Gelingen Ihnen alle Schüsse, dann plazieren Sie die Steine immer weiter von den eigenen Grundlinien weg. Je weiter entfernt ein Stein von den eigenen Grundlinien liegt, desto schwieriger ist er einzuspielen, denn über kürzere Entfernung ist es einfacher, ihn am richtigen Punkt zu treffen. Die für den einzelnen Stein benötigte Schußstärke können nur Sie selbst herausfinden. Grundsätzlich sollten Sie bei dieser Übung die Schußstärke so bemessen, daß der Stein gerade noch in das gewünschte Eckloch fällt.

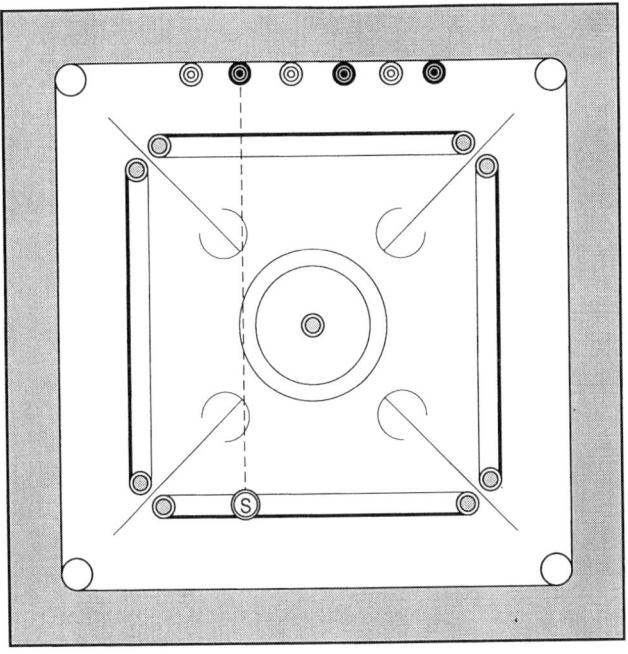

Für diese Übung plazieren Sie direkt an der gegenüberliegenden Bande einige Steine, die Sie genau in der Mitte treffen müssen.

Am Verhalten der Steine erkennen Sie, ob der Anspielpunkt richtig oder falsch war: Richtig getroffen ist nur der Stein, der sich in senkrechter Linie von der Bande löst und mit dem Striker zurückkommt. Weichen die Steine aber zur Seite ab, dann hat man den Mittelpunkt des Steins nicht exakt getroffen. Im Gegensatz zur vorangegangenen Übung ist hier eine stärkere Schußabgabe nötig, die Sie so oft wie möglich trainieren sollten.

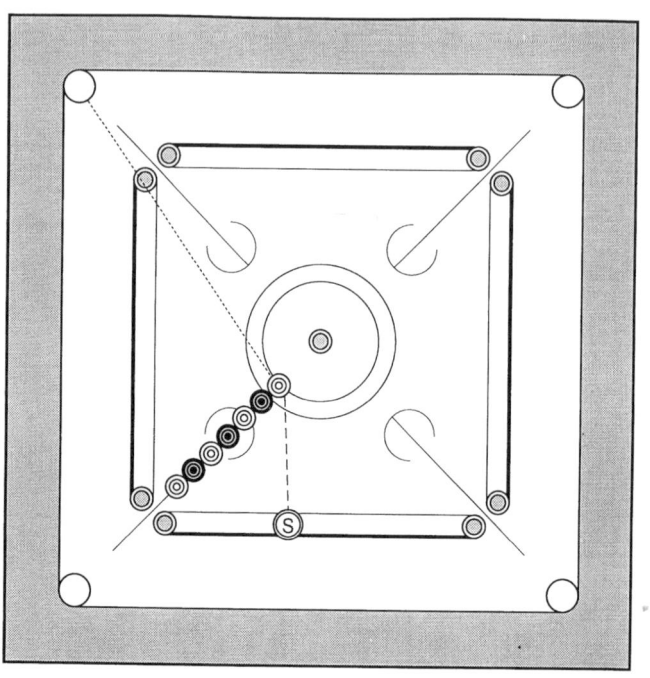

Mit dieser Übung soll das Anschneiden der Steine, der sogenannte *Slice*, trainiert werden: In der eigenen Spielhälfte legen Sie einige Spielsteine auf die Pfeillinie bis zum äußeren Mittelkreis. Jetzt soll der jeweils obere Stein versenkt werden, ohne daß dabei die Lage der anderen Steine verändert wird. Das ist nur möglich, wenn der anzuspielende Stein angeschnitten, das bedeutet seitlich angespielt wird. Hierfür müssen Sie den Anspielpunkt des Strikers am Stein berechnen: Ziehen

Sie von der Mitte des linken Ecklochs eine gedachte gerade Linie durch die Mitte des Steins bis zu seiner Außenkante. Das ist der Anspielpunkt. Von dort denken Sie sich eine zweite gerade Linie zu den Grundlinien und richten dort den Striker aus.

Das *Timing*, also die Schußstärke, sollte so bemessen sein, daß der Stein eben noch ins Eckloch fällt.

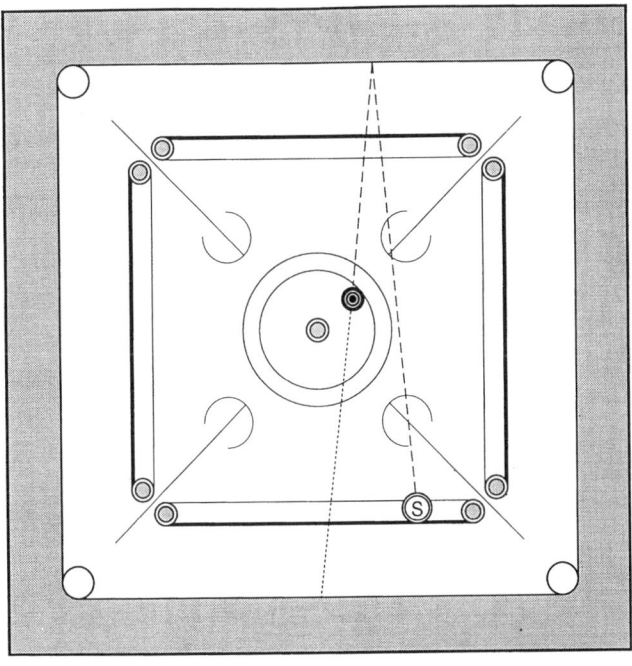

Mit dieser Übung trainieren Sie, das Verhalten eines Steins zu erkennen und zu beeinflussen, der vom Striker nicht direkt angespielt wird, sondern indirekt über die gegenüberliegende Bande, wie es für den indirekten Anstoß erforderlich ist. Der Stein wird auf die gedachte Verlängerung zwischen dem rechten oberen und dem linken unteren Pfeil gelegt und berührt die Innenkreislinie.

Man hat den korrekten Anspielpunkt des Steins erreicht, wenn sich der Stein über die untere Bande in die Nähe des oberen linken Ecklochs bewegt, unabhängig davon, wo er dann liegenbleibt. Der Schuß sollte kräftig ausgeführt werden, da das auch später beim indirekten Anstoß von Vorteil ist (s. S. 48).

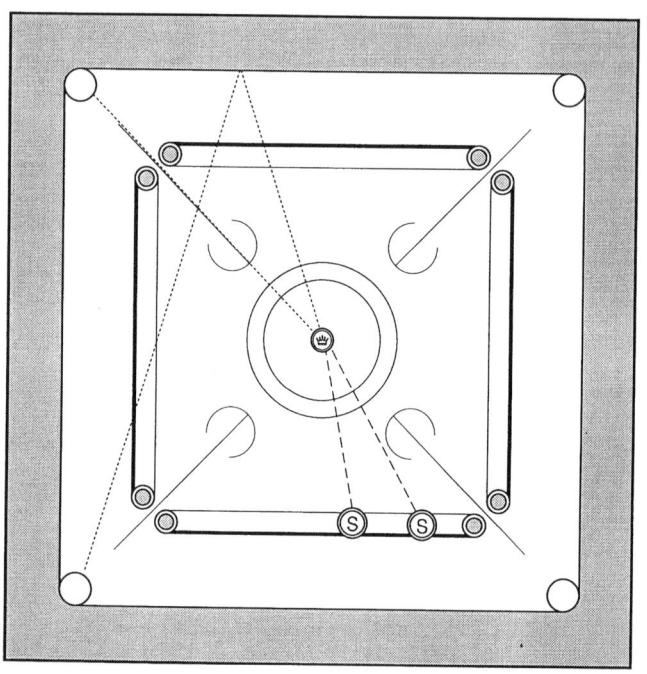

Da es im Spielverlauf sehr oft vor-
kommt, daß die Queen (beim miß-
lungenen Bestätigungsversuch) oder
aus dem Spielfeld herausgesprungene
Steine wieder im Zentrumskreis plaziert werden, sollte auch diese Situation geübt werden. Trainieren Sie die
Einschußmöglichkeiten in beide Ecklöcher zunächst mit geraden und dann
mit angeschnittenen Schüssen, die Sie
immer dann einsetzen müssen, wenn
ein Stein den geraden Weg zwischen
dem Striker und einem anzuspielenden
Stein blockiert.

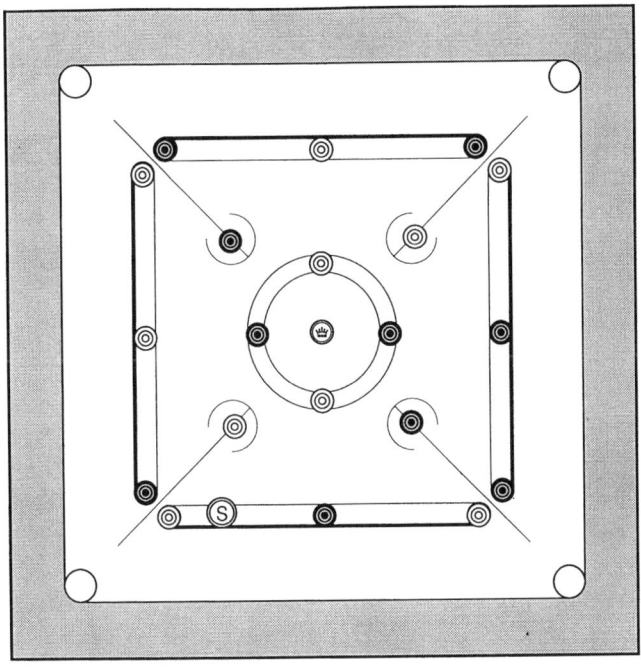

Da beim Carrom das Timing der Schüsse eine große Rolle spielt, sollten Sie sich viel Zeit nehmen, die unterschiedlichen Schußstärken zu trainieren. Plazieren Sie gemäß der Abbildung beliebig viele Spielsteine. Die Aufgabe besteht darin, mit jeweils höchstens drei Versuchen jeden Stein zu versenken.

Die Reihenfolge entscheiden Sie. Ist jedoch ein Stein einmal angespielt, so muß er erst versenkt werden, bevor man den nächsten Stein anspielt. Man darf aber keinen anderen Stein mit dem Striker berühren. Dadurch ist man gezwungen, die Schußstärke richtig zu dosieren.

Sie haben während der Schußübungen einige Erfahrung darin gesammelt, daß Striker und Steine je nach Schußstärke und Anschneiden unterschiedlich weiterlaufen. Diese Abweichungen, die durch das Auftreffen auf die Bande oder auf andere Steine ausgelöst werden, kann man durch Beobachten und häufiges Üben erkennen und sich zunutze machen.

Nehmen Sie einen weißen und einen schwarzen Stein und plazieren Sie sie nun beliebig im Mittelkreis. Bei jedem Schuß müssen beide Steine mit dem Striker getroffen werden.

Durch die ständig wechselnden Positionen der Steine muß man sich immer wieder den neuen Situationen anpassen, um den bestmöglichen Schuß herauszufinden.

Daraus kann schnell ein interessantes Trainingsspiel entstehen, wenn man für jede gelungene Aktion einen Punkt verteilt. Solange man beide Steine trifft, bleibt man an der Reihe. Verfehlt man einen der beiden Steine, kommt der Gegner an die Reihe. Üben Sie allein, schreiben Sie sich bei Fehlschüssen Minuspunkte auf.

Dieses Trainingsspiel läßt sich verändern, indem man mit dem Striker immer nur den weißen Stein direkt anspielen darf und der wiederum den schwarzen Stein treffen muß.

Standardschüsse für Anfänger und Fortgeschrittene

Die ersten vier Schüsse, die ein Anfänger systematisch erlernen sollte, bilden das Fundament für spätere Erfolge und für den Spaß an diesem Spiel. Sie sollten die Schüsse immer wieder üben, damit Sie sie auch perfekt beherrschen.

Die erste Übung »Der gerade Schuß« vermittelt grundlegende Erkenntnisse über das Zielen, sowie über die Dosierung der Schußstärke, das Timing. Mit ein wenig Übung werden Sie bald lernen, den Striker exakt in der Mitte zu treffen, die erste Voraussetzung für einen gezielten Schuß. Gleichzeitig gelingt es, den Anspielpunkt an den Steinen zu bestimmen, die nicht in der Mitte getroffen, sondern angeschnitten werden sollen. Nach mehrmaligem Üben werden Sie diese Sicherheit erlangen, die Sie dann bei den nächsten Schußvarianten einsetzen können. Bei allen Übungen sammeln Sie weitere Erfahrungen im Timing.

Wenn Sie sich nun nach den folgenden Beschreibungen und Skizzen richten, aber ein bestimmter Schuß – auch nach vielen Versuchen – nicht zum Erfolg führt, dann dürfen Sie sich auf keinen Fall entmutigen lassen! Wesentliche Unterschiede in der Beschaffenheit der Carromboards, der Striker und Steine und vor allem der Gleitmittel erfordern häufig eine oft nur geringfügige Änderung des Timings. Wenn Sie diesen Aspekt berücksichtigen, wird es je nach Übungsintensität bald gelingen, jeden hier aufgeführten Schuß mit Erfolg durchzuführen.

Ab der 5. Schußvariante werden Sie mit Übungen vertraut gemacht, die das Spielniveau verbessern können. Voraussetzung hierfür ist, daß der vorangegangene Teil gut studiert und in die Tat umgesetzt wurde.

Diese Schüsse bringen taktische Elemente mit sich, auf die ein guter Spieler nicht verzichten kann, denn mit diesen Techniken entfernt man sich vom bloßen »Einlochspiel« und nähert sich dem eigentlichen Wesen des Carromsports. Den optimalen Schuß zum richtigen Zeitpunkt einzusetzen ist eine Kunst. Wer diese Kunst beherrscht, wird bald viele Siege davontragen.

Bei einigen Skizzen wird es Sie vielleicht wundern, daß gerade der abgebildete Schuß verwendet wird, obwohl keine Steine sichtbar den anzuspielenden Stein blockieren. Hier wurde auf solche Blockaden verzichtet, da es in diesem Kapitel nur darum geht, die wichtigsten Schüsse zu erlernen.

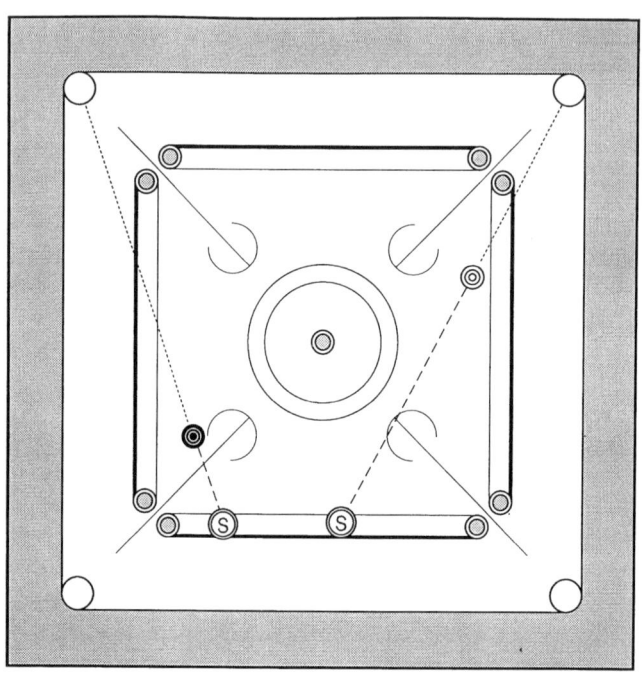

Der Straight Shot
(der gerade Schuß)

Das ist die einfachste Möglichkeit, einen Carromstein in einem der Ecklöcher zu versenken: Man bringt den Striker mit dem anvisierten Stein und dem Eckloch in eine Gerade, deren gedachte Linie von der Mitte des Strikers über die Mittelachse des Steins zum Loch führt. Am einfachsten ist es, einen Carromstein, der in der eigenen Spielhälfte liegt, mit einem relativ sanften Schuß zu versenken. Gelingt Ihnen das bei jedem Schuß fehlerfrei, dann können Sie mit etwas mehr Schußstärke Steine einlochen, die in der gegenüberliegenden Hälfte liegen. Hier spielt das Timing eine große Rolle. Entweder wird der Striker bei einem zu starken Schuß mitversenkt, oder der angespielte Stein prallt von einer Bande ungünstig zurück auf die Spielfläche. Steine, die nahe am Eckloch liegen, sollten mit besonderer Sorgfalt »angeschnitten« werden.

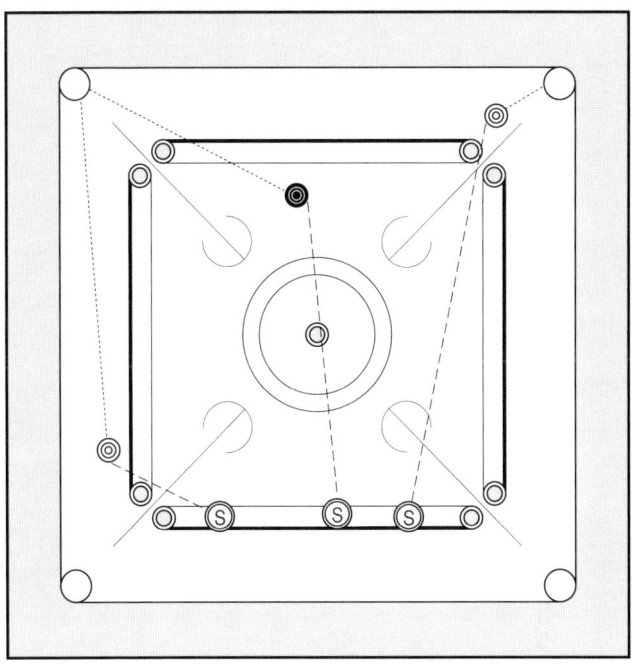

Der Slice
(der angeschnittene Stein)

Diese Schußtechnik wendet man z. B. an, wenn der direkte Weg zu einem Stein durch andere versperrt ist oder der Stein nahe am Eckloch liegt. Je stärker er angeschnitten werden soll, desto härter muß er aufgrund der geringen Kraftübertragung angespielt werden. Plazieren Sie zum Üben die Steine gemäß der Skizze; die Steine werden extrem angeschnitten. Damit die Schüsse gelingen, muß der Anspielpunkt des Strikers am Stein exakt getroffen werden: Denken Sie sich eine gerade Linie vom Eckloch durch das Zentrum des Steins bis zu dessen Außenkante. Der Striker trifft den Stein seitlich und folgt ihm deshalb nicht; er kann also nicht mit eingespielt werden. Da sich die Geschwindigkeit des Strikers beim seitlichen Auftreffen kaum verringert, kann man zusätzlich blokkierende Steine oder einen eigenen, ungünstig plazierten Stein verschieben.

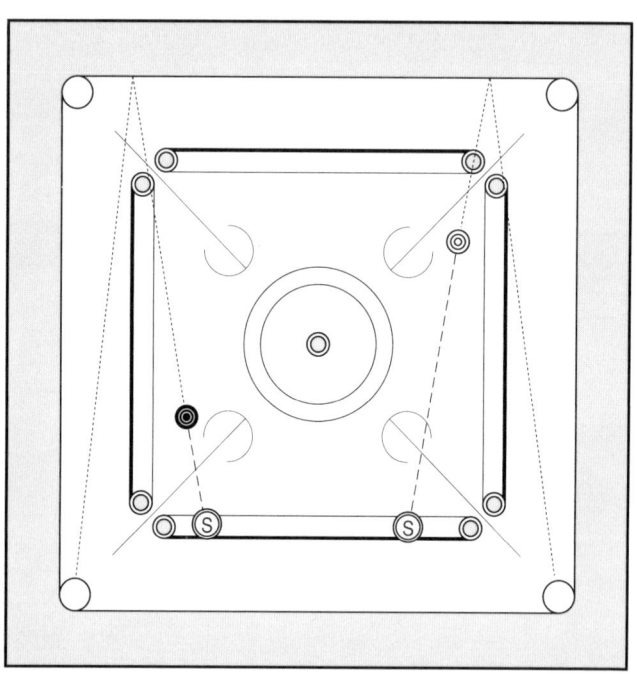

Der Double Shot
(der Bandenschuß mit dem Stein)

Wenn der Zugang zu den gegenüberliegenden Ecklöchern durch gegnerische Steine blockiert ist, wählt man den Bandenschuß, um den Stein in den unteren Ecklöchern zu versenken. Bei dieser Technik gilt das physikalische Prinzip »Einfallwinkel gleich Ausfallwinkel«, d. h., daß der Stein genau in dem Winkel, in dem er auf die gegenüberliegende Bande trifft, wieder abgestoßen wird. Wie die Skizze zeigt, soll der Striker den Stein unter Berücksichtigung des richtigen Winkels in der Mitte treffen. Der Stein gleitet danach von der gegenüberliegenden Bande in das untere Eckloch. Liegt der einzuspielende Stein nur wenige Zentimeter von der gegenüberliegenden Bande entfernt, dann sollten Sie ihn leicht anschneiden. Würde man mit der Bande spielen, könnte er von ihr zurückgestoßen mit dem Striker kollidieren, statt im Eckloch zu landen.

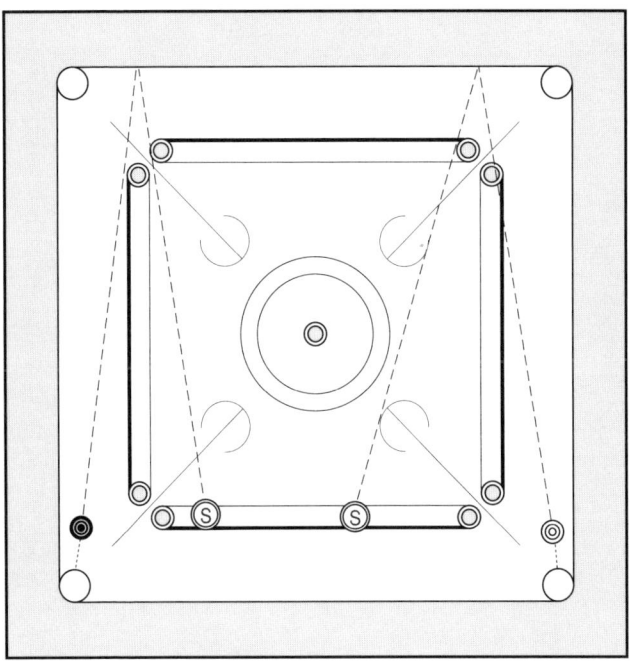

Der Rebound (der Bandenschuß mit dem Striker)

Auch für diese Schußtechnik gilt das Prinzip »Einfall- gleich Ausfallwinkel«. Achten Sie darauf, daß Sie den Striker nicht zu stark gegen die gegenüberlie- gende Bande schießen und der Winkel nicht zu spitz ist, weil sonst der Striker mitversenkt werden könnte. Es gehört einige Übung dazu, das richtige Timing und den optimalen Winkel zu erken- nen, um den Schuß erfolgreich auszu- führen.

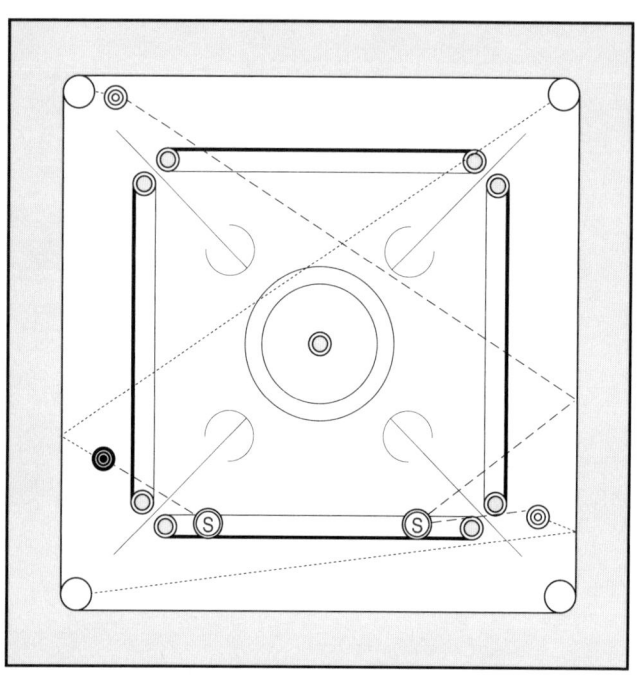

Der Cross Shot
(der Schuß über die Seitenbande)

Liegt ein Stein zwischen Seitenbande und seitlicher Grundlinie und sind zudem die Ecklöcher auf dieser Seite durch andere Steine blockiert, dann ist diese Schußtechnik eine Möglichkeit, den Stein zu versenken. Gilt es, den schwarzen Stein zu versenken, dann richten Sie den Striker so aus, daß er ihn genau in der Mitte trifft und ihn über die linke Seitenbande ins rechte obere Eckloch befördert. Dabei dürfen Sie den Stein nicht zu stark anspielen. Trifft der Stein nämlich nicht ins Eckloch, wird er von der Bande zu weit auf die Spielfläche zurückgestoßen. Auch der weiße Stein links oben muß in der Mitte getroffen werden. Der weiße Stein rechts unten sollte – mit dem Daumen- oder dem Scherengriff – seitlich getroffen werden, um im linken unteren Eckloch zu landen.

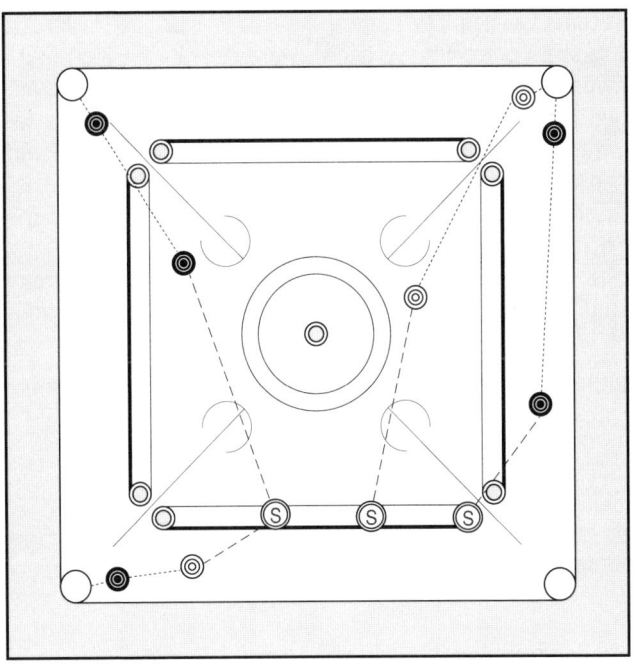

Der Cannon

Bei dieser Schußtechnik wird ein Stein nicht direkt vom Striker, sondern von einem anderen Stein versenkt. Der einzuspielende wird der vordere Stein genannt, der zuerst angespielte ist der hintere Stein.

Bei freier gerader Schußlinie bringen Sie den Striker auf eine gedachte Linie mit den beiden Steinen und dem Eckloch, um den vorderen im direkten Schuß zu versenken. Der hintere Stein bleibt dort liegen, wo der vordere Stein gelegen hat. Blockiert aber ein Stein die gerade Linie zwischen dem Striker und dem hinteren Stein, wie es das Beispiel der beiden weißen Steine auf der rechten Spielfläche zeigen soll, dann müssen Sie den Striker dort ausrichten, wo der mittlere Striker liegt. Dafür ermitteln Sie die Anspielpunkte an beiden Steinen. Sie können hierbei so verfahren, wie Sie es bereits bei den Bandenschüssen gelernt haben, denn dabei mußten ebenfalls zwei Anspielpunkte berechnet werden. Der hintere Stein muß so exakt getroffen werden, daß er den vorderen Stein ebenfalls an der richtigen Stelle trifft und ihn dadurch einlocht. Das gilt für alle auf der Skizze abgebildeten Beispiele.

Die Schußausführung mit dem rechts plazierten Striker bringt dem Spieler zwei Vorteile. Handelt es sich bei beiden Steinen um eigene, so kommt der vom Striker zuerst getroffene Stein in eine bessere Position und kann daher beim nächsten Schuß versenkt werden. Handelt es sich jedoch bei dem vom Striker zuerst getroffenen Stein um einen gegnerischen, bleibt dieser für den Gegner in einer meist schlechteren Position liegen.

Um den Cannon erfolgreich ausführen zu können, bedarf es einiger Übung.

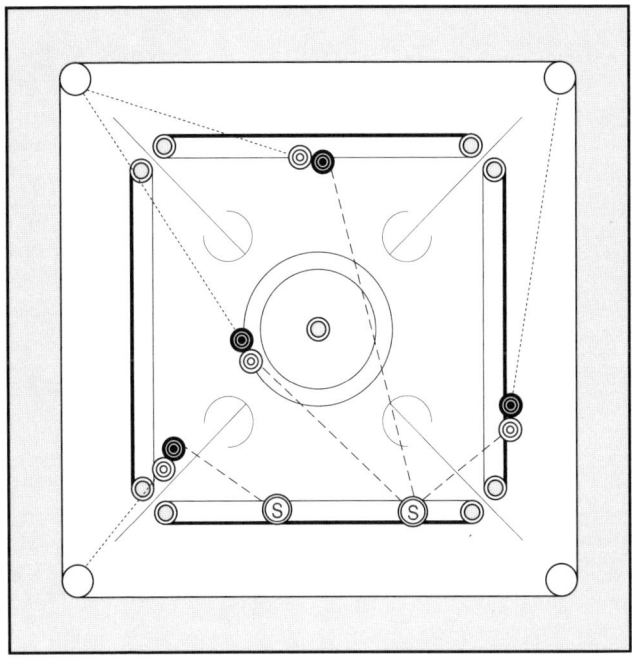

Der Shot

Dieser Schuß wird angewandt, wenn zwei Steine einander berühren und der vordere eingelocht werden soll. Liegen zwei Steine so, daß eine direkte Linie zwischen einem der Ecklöcher, den beiden Steinen und dem Striker möglich ist, wird der hintere Stein exakt in der Mitte angespielt, wodurch der vordere versenkt wird. Das Verhalten des hinteren Steins ist je nach Entfernung der beiden Steine zum Eckloch unterschiedlich. Befinden sie sich sehr nahe an den eigenen Grundlinien oder unmittelbar vor dem Eckloch, so besteht die Möglichkeit, beide gleichzeitig zu versenken. Das richtige Timing spielt eine große Rolle. Hier sehen Sie ausschließlich Situationen, in denen die Steine nicht direkt in die Ecklöcher eingespielt werden können. Der Striker muß den hinteren Stein seitlich in einem bestimmten Winkel treffen. Üben Sie die in der Skizze abgebildeten Beispiele.

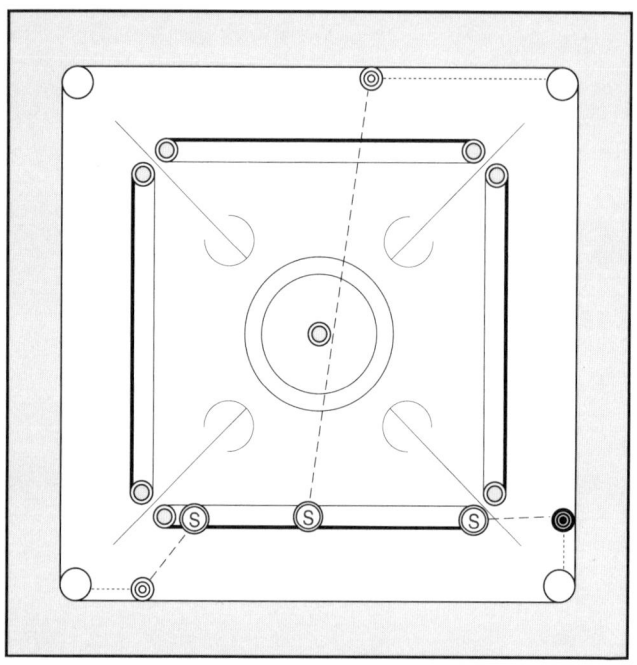

Der Press Shot (der Preßschuß)

Direkt an der Bande anliegende Steine versucht man mit dem Press Shot zu versenken. Man legt den Striker so an, daß die Schußlinie mit einer gedachten Linie vom Stein zum Eckloch beinahe einen rechten Winkel bildet. Der Stein sollte auf der dem Loch abgewandten Seite knapp neben der Mitte getroffen werden. Für die Schußabgabe ist das richtige Timing von größter Bedeutung. Spielt man mit dem Preßschuß einen Stein zu stark an, wird dieser sich von der Bande entfernen und nicht in das Eckloch treffen. Hingegen hat ein zu leicht angespielter Stein zu wenig Geschwindigkeit, um das Eckloch zu erreichen. Nach einiger Übung werden Sie aber bald den Anspielpunkt und das perfekte Timing herausgefunden haben.

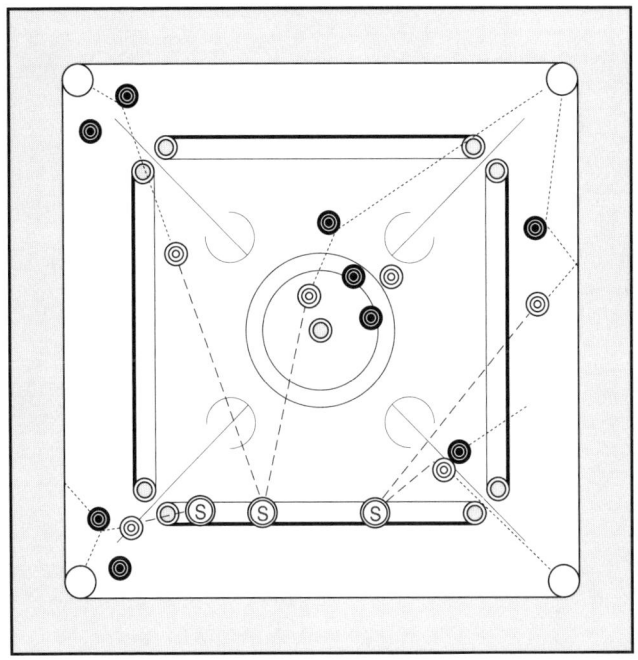

Der Touch

Mit dieser Schußvariante können Sie eigene Steine durch leicht seitliches Berühren eines anderen Steins versenken. Hauptsächlich wird diese Variante dann angewandt, wenn der direkte Weg zum Eckloch durch andere Steine blockiert ist.

In der Skizze kann der linke untere weiße Stein nicht direkt eingespielt werden, denn er wird von dem unterhalb liegenden schwarzen Stein blockiert. Der links liegende schwarze Stein wird ähnlich wie eine Bande dazu benutzt, dem weißen Stein die nötige Abweichung zum Eckloch hin zu geben, damit er hineingleitet.

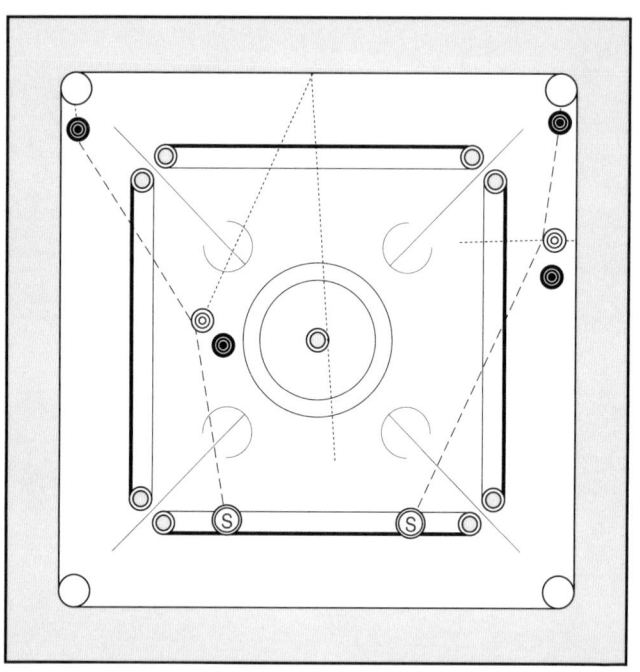

Der Glance

Bei einem Glance berührt der Striker zuerst einen Stein so, daß dieser – über die gegenüberliegende Bande gespielt – in der Nähe der eigenen Grundlinien liegenbliebt, und gleichzeitig wird durch das Abweichen des Strikers nun ein eigener Stein versenkt. Ist der zuerst getroffene ein eigener Stein, ist er in der Nähe der eigenen Grundlinien einfacher zu versenken. Wird ein gegnerischer Stein angespielt, ist es aus dieser Position heraus meist schwieriger, ihn zu versenken.

Links in der Skizze ist ein Glance dargestellt, bei dem zuerst ein gegnerischer Stein getroffen wird. Der Schuß auf der rechten Seite der Skizze ist kein »echter« Glance, da der zuerst getroffene Stein nicht über die gegenüberliegende Bande in die Nähe der eigenen Grundlinien kommt, jedoch wird die gleiche Technik wie beim Glance angewendet, und der eigene Stein gleitet ins Eckloch.

Regelwerk

Aufstellung der Steine

Vor jedem Spielbeginn werden die Carromsteine wie in der Abbildung unten angeordnet.
- Zuerst plaziert man die Queen auf dem Zentrumskreis.

- Um die Queen herum werden abwechselnd je drei weiße und schwarze Steine gelegt.
- Nun legt man an jeden Stein einen weißen Stein, so daß eine gedachte gerade Linie durch deren Mittelpunkte zum Mittelpunkt der Queen führt.
- Die freien Plätze füllt man mit den schwarzen Steinen auf.
- Die Steine müssen einander berühren und dürfen nicht über den Innenkreis hinausragen.

Anstoß

- Es wird ausgelost, wer den Anstoß (engl. break) hat, und der Spieler kann sich zwischen Anstoß und Seitenwahl entscheiden. Wählt er den Anstoß, hat sein Gegner Seitenwahl und umgekehrt. Im Doppel werden Anstoß und Seitenwahl von je einem Spieler des Teams gewählt. Derjenige, der anstößt, spielt mit den weißen Steinen und darf die Grundaufstellung in die gewünschte Anschußposition drehen, ohne jedoch dabei die grundsätzliche Ordnung der Steine zu verändern. Danach gibt der Schiedsrichter das Spiel durch das Wort »play« frei.
- Der Anstoß gilt als ausgeführt, sobald ein Carromstein berührt wird. Berührt der Striker beim ersten Anstoß keinen Stein, so hat man einen weiteren Versuch. Trifft man auch jetzt nicht, ist der Gegner an der Reihe; er darf aber die Steine nicht mehr verändern und behält die schwarzen Steine. Ab jetzt haben beide Spieler nur noch einen Versuch für den Anstoß.
- Wird ein Anstoß ausgeführt, bevor der Schiedsrichter mit der Ansage »play« das Spiel eröffnet hat, wird folgende Strafe verhängt: Alle eigenen beim Anstoß versenkten Steine werden vom Gegner wieder inner-

halb des Innenkreises plaziert, und ein Schuldstein (s. Regelverstöße) wird angerechnet. Zudem kommt der Gegner an die Reihe.

– Das Anstoßrecht wechselt nach jedem Board (Partie) innerhalb eines Games (Spiel) und nach jedem Game innerhalb eines Matches. Im Doppel wechselt der Anstoß von Team zu Team, und zwar immer an den Spieler, der rechts sitzt.

– Es gibt zwei grundlegende Anstoßvarianten, den direkten und den indirekten Anstoß.

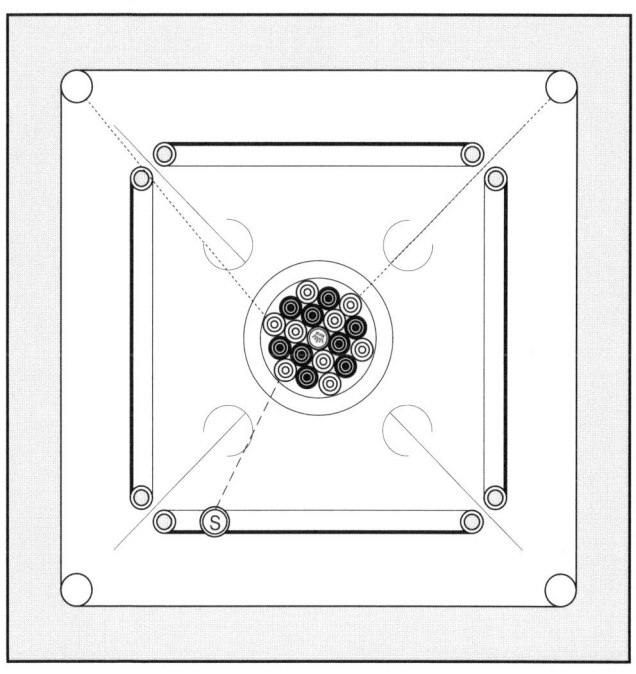

- Der direkte Anstoß
  Dabei dreht man die Grundaufstellung so, daß zwei weiße Steine hintereinander entweder in die Richtung des Loches rechts oben zeigen, wenn man von links anspielt (s. Abb.), oder zum linken oberen Loch, wenn man von rechts anspielt. Bei optimaler Schußausführung, die recht stark sein muß, versenkt man drei weiße Steine: zwei rechts oben, einen links oben. Allerdings hat der direkte Anstoß beim Einzel einen großen Nachteil, weil dadurch auch weitere Steine aus dem Innenkreis geschossen werden: Die schwarzen Steine gelangen auf die gegenüberliegende Seite in eine für den Gegner günstige Anspielposition, während eigene Steine – ebenfalls auf der gegenüberliegenden Seite – in eine schwierig anzuspielende Lage kommen. Sinnvoll ist der direkte Anstoß im Doppel, da der gegenübersitzende Partner eine gute Schußposition hat.

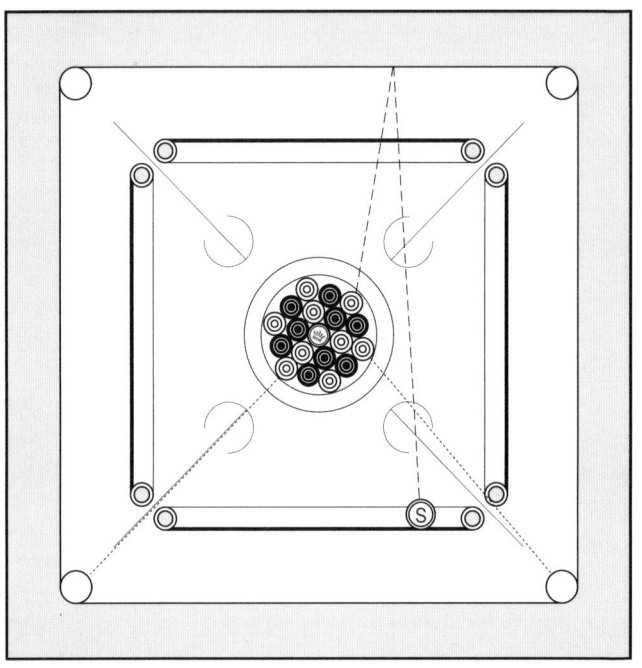

- Der indirekte Anstoß
  Ihn spielt man hauptsächlich im Einzel, denn der Vorteil des Anstoßes über die Bande besteht darin, daß die eigenen Steine näher an die eigenen Grundlinien gelangen. Darüber hinaus hat man den Gegner in eine schlechtere Ausgangslage gebracht, da einige seiner Steine nun weiter von ihm entfernt sind.
  Will man die Steine von rechts über die Bande anspielen, dann wird die Grundaufstellung so gedreht, daß

zwei weiße Steine zum linken unteren Eckloch hin ausgerichtet sind (s. Abbildung). Spielt man von links über die Bande, zeigen zwei weiße Steine in die Richtung des rechten unteren Eckloches. Bei einem sehr stark gespielten Schuß können die zwei auf der linken Seite hintereinanderliegenden weißen Steine sowie der rechts liegende weiße Stein versenkt werden. – Indirekte Anstöße über zwei Banden sind nicht üblich.

Spielfolge

– Solange ein Spieler eigene Carromsteine und/oder die Queen versenkt, darf er weiterspielen. Das gilt auch, wenn er gleichzeitig gegnerische Carromsteine versenkt.

– Die Schußabgabe muß innerhalb von 15 Sekunden erfolgen, nachdem der Striker und/oder der letzte Carromstein zum Stillstand gekommen ist, oder nachdem der Schiedsrichter das Spiel durch »play« freigegeben hat.

– Beginnen Sie die Schußabgabe jedoch vor der Aufforderung »play«, dann werden alle Ihre bereits versenkten Steine und später ein zusätzlicher Schuldstein vom Gegner im Innenkreis plaziert. Das Schußrecht wechselt zum Gegner.

– Versenkt ein Spieler irrtümlich gegnerische Carromsteine, so muß der Schiedsrichter das Spiel unterbrechen. Danach wechselt das Schußrecht zum Gegner. Die bereits versenkten Steine zählen ebenfalls für den Gegner. Im Doppel geht das Schußrecht an den rechts sitzenden Spieler weiter.

Zählweise

– Die Zählweise ist im Einzel und im Doppel dieselbe. Der Spieler gewinnt, der zuerst seine Steine regelgerecht versenkt hat, vorausgesetzt, die Queen wurde vorher ordnungsgemäß erspielt.

– Die Anzahl der Spielsteine des Verlierers, die noch auf dem Board liegen, zählen für den Sieger als Punkte. Hat er auch die Queen versenkt, bekommt er 3 Zusatzpunkte.

– Hat ein Spieler im Game bereits 21 Punkte oder mehr erreicht, verfallen die 3 Punkte für die Queen.

– In einem Board kann man höchstens 12 Punkte erreichen, auch wenn der Verlierer noch Steine schuldet; sie werden gestrichen.

– Ein Game wird nach 25 Punkten oder 8 Boards beendet. Sollte es nach 8 Boards unentschieden stehen, so wird ein Entscheidungsboard gespielt, für das der Anstoß neu ausgelost werden muß.

– Bei internationalen Turnieren ist es üblich, daß man ab dem Viertelfinale ein Game bis 25 Punkte spielt, statt die Anzahl der Boards zu berücksichtigen.

– Ein Match wird als sogenanntes »best of three games« gespielt: Wer zuerst 2 Games gewonnen hat, ist Sieger.

Die Queen

Die Queen ist ein sehr wichtiger Stein für taktische Spielzüge, denn der Spieler, der die Queen regelgerecht erspielt, bekommt 3 Zusatzpunkte, wenn er das Board gewinnt. Hat der Sieger jedoch schon über 21 Punkte, so erhält er keinen Zusatzpunkt.

* Versenken der Queen:
  - Die Queen wird exakt auf dem Zentrumskreis plaziert, bei Turnieren vom Schiedsrichter.
  - Ein Spieler darf die Queen erst versenken, wenn er mindestens einen eigenen Carromstein eingespielt hat.
  - War aber der einzige versenkte Stein ein Strafstein, der neu plaziert wurde, so kann der Spieler die Queen trotzdem versenken und muß sie dann bestätigen.
  - Versenkt ein Spieler die Queen, bevor er einen eigenen Stein eingespielt hat, wird sie wieder im Zentrumskreis plaziert. Der Spieler erhält einen Strafstein, und das Schußrecht wechselt nun zum Gegner.
  - Wird die Queen versenkt, muß im nächsten Zug ein eigener Stein eingespielt werden. Erst dann gilt sie als bestätigt und bleibt im Eckloch.

  - Wird die Queen in einem Schuß gleichzeitig mit einem eigenen Stein versenkt, so ist sie bestätigt. Das gilt jedoch nicht beim Anstoß und wenn noch kein eigener Stein eingeschossen wurde. In diesen Fällen muß die Queen durch einen weiteren Stein bestätigt werden.

* Bestätigung der Queen:
  - Mißlingt die Bestätigung, wird die Queen erneut im Zentrumskreis plaziert.
  - Wird die Queen korrekt versenkt, aber nicht bestätigt, und vergessen die Spieler, sie erneut zu plazieren, dann gilt die Queen als bestätigt, sobald der Gegner seinen nächsten Schuß ausgeführt hat.
  - Versenkt man bei einem Bestätigungsversuch nur den Striker, so werden die Queen und ein Strafstein plaziert. Der Gegner kommt an die Reihe.
  - Versenkt ein Spieler beim Bestätigungsversuch einen eigenen Stein zusammen mit dem Striker, plaziert der Gegner diesen Stein und einen Strafstein im Innenkreis. Der Spieler hat einen zweiten Bestätigungsversuch.
  - Versenkt ein Spieler beim Bestätigungsversuch den letzten Stein

des Gegners, gewinnt dieser mit der Anzahl der noch verbliebenen Steine sowie mit 3 Punkten für die Queen. Wird in diesem Fall auch der Striker versenkt, erhält der Gegner 1 Extrapunkt.

– Versenkt man beim Bestätigen der Queen seinen letzten Stein zusammen mit dem letzten des Gegners, gewinnt der Gegner mit 3 Punkten.

– Versenkt ein Spieler seinen letzten Stein zusammen mit dem letzten des Gegners, dann gewinnt der Spieler mit 3 Punkten, der die Queen ordnungsgemäß versenkt hat. Wird auch der Striker vom Spieler versenkt, verliert er das Board: mit 1 Punkt, wenn er die Queen vorher regelgerecht versenkt hat, aber mit 3 Punkten, wenn sein Gegner die Queen erspielt hatte, sowie mit 1 Extrapunkt für den Striker.

• Die Queen wird mit anderen Steinen versenkt:

– Werden die Queen, ein eigener Stein und der Striker mit einem Schuß versenkt, so plaziert man die Queen im Zentrumskreis, den versenkten Stein und einen Strafstein im Innenkreis. Der Spieler darf jedoch weiterspielen.

– Versenkt ein Spieler die Queen mit seinem letzten Stein sowie den letzten des Gegners und den Striker, so verliert er mit 3 Punkten und 1 Zusatzpunkt für den Striker.

– Versenkt ein Spieler die Queen zusammen mit seinem und dem letzten Stein des Gegners, gewinnt der Spieler das Board mit 3 Punkten.

• Versenken des letzten Steins, obwohl die Queen noch im Spiel ist:

– Versenkt ein Spieler seinen letzten Stein, obwohl sich die Queen noch auf dem Board befindet, gewinnt der Gegner mit 3 Punkten; mit 1 Zusatzpunkt, wenn der Striker mitversenkt wird.

– Werden der letzte eigene Stein und der letzte des Gegners mit einem Schuß versenkt, obwohl sich die Queen noch auf dem Board befindet, so gewinnt der Gegner mit 3 Punkten.

– Versenkt ein Spieler den letzten Stein des Gegners, obwohl sich die Queen noch auf dem Board befindet, so gewinnt der Gegner mit der Anzahl der Steine, die auf dem Board verblieben sind, sowie mit 3 Zusatzpunkten für die Queen. Wird in diesem Fall auch der Striker versenkt, erhält der Gegner noch 1 Extrapunkt.

- Zentrumskreis
  Ist der Zentrumskreis durch andere Steine teilweise oder ganz besetzt, dann wird die Queen so gelegt, daß sie die größtmögliche Fläche des Zentrumskreises bedeckt oder möglichst nahe daran liegt.

Regelverstöße

Begeht ein Spieler während des Spiels ein Foul oder versenkt er den Striker, so erhält er einen Strafstein, den der Gegner innerhalb des Innenkreises in eine möglichst schwierig zu spielende Position legt. Hat der Spieler noch keinen Stein versenkt, so wird der Strafstein in einen Schuldstein verwandelt und bei nächster Gelegenheit plaziert.

- Foul
  - Jede Regelverletzung des schußberechtigten Spielers während oder nach der Schußabgabe gilt als Foul und wird mit einem Straf- oder Schuldstein geahndet; das Schußrecht wechselt.
  - Versenkt ein Spieler, der während eines Schusses ein Foul begeht, eigene Steine, werden sie sowie ein Strafstein vom Gegner plaziert. Der Spieler verliert das Recht weiterzuspielen.

- Technisches Foul
  - Als technisches Foul bezeichnet man jede Regelverletzung eines Spielers, während der Gegner schußberechtigt ist. Der Spieler wird mit einem Straf- oder einem Schuldstein bestraft.
  - Jede Regelverletzung eines Spielers vor der eigenen Schußabgabe ist ein technisches Foul. Der Spieler erhält einen Straf- oder einen Schuldstein, bleibt aber an der Reihe.

Versenken des Strikers

- Versenkt ein Spieler während eines korrekten oder unkorrekten Schusses nur den Striker, dann plaziert der Gegner einen Strafstein und erhält das Schußrecht. Hat der Spieler noch keinen Carromstein versenkt, so wird der Schuldstein plaziert, sobald der Spieler den ersten Stein eingeschossen hat.
- Versenkt ein Spieler den Striker zusammen mit eigenen Carromsteinen und/oder der Queen, werden die Queen und alle versenkten Steine sowie ein Strafstein plaziert. Der Spieler bleibt an der Reihe.
- Versenkt ein Spieler den letzten Stein des Gegners zusammen mit dem Striker, ist das Board beendet.

Der Spieler verliert mit der Anzahl der Steine, die sich noch auf dem Board befinden, und einem zusätzlichen Strafpunkt.

Straf- und Schuldsteine

– Straf- oder Schuldsteine werden plaziert, bevor der nächste Schuß ausgeführt wird.
– Strafsteine werden grundsätzlich vom Gegner plaziert. Im Doppel ist es derjenige, der rechts vom Verursacher sitzt.
– Strafsteine müssen innerhalb des Innenkreises und außerhalb des Zentrumskreises gelegt werden.
– Ein Strafstein gilt als plaziert, sobald er nicht mehr berührt wird.
– Schuldsteine werden plaziert, sobald sie zur Verfügung stehen, auch wenn der Spieler weiter an der Reihe ist.
– Versenkt ein Spieler den Stein eines Gegners, der noch einen schuldet, so plaziert der Spieler den Stein umgehend.
– Steht im Innenkreis nicht genügend Platz für die Strafsteine zur Verfügung, behält sie der Spieler, der die Strafsteine zu plazieren hat, bis genügend Platz vorhanden ist, und setzt sie, unabhängig davon, wer das Schußrecht hat. Im Doppel wer-

den die Steine, die man behält, an den Partner weitergegeben, sobald das Schußrecht wechselt.
– Auf Turnieren entscheidet der Schiedsrichter, ob genug Platz für die Strafsteine vorhanden ist.
– Plaziert ein Spieler einen eigenen Stein statt eines gegnerischen, soll er vom Gegner oder vom Schiedsrichter darauf hingewiesen werden. Er darf den Stein austauschen. Wird der Fehler aber vor der nächsten Schußabgabe nicht bemerkt, darf nichts mehr korrigiert werden.
– Ist der Strafstein nicht regelgerecht gelegt, fordert der Gegner oder der Schiedsrichter den Spieler auf, die Lage zu korrigieren. Der Gegner hat nun das Recht, ebenfalls einen Strafstein zu plazieren. Der Spieler bleibt an der Reihe.
– Während des Plazierens darf kein anderer Stein verschoben werden. Geschieht es dennoch, werden die Steine vom Gegner oder vom Schiedsrichter wieder in die ursprüngliche Lage gebracht. Der Gegner plaziert einen Strafstein. Der Spieler bleibt an der Reihe.
– Auf der Spielfläche liegende Steine dürfen nach dem Anstoß nur noch durch einen korrekten Schuß direkt mit dem Striker angeschossen werden. Berührt ein Spieler vor der Schußabgabe regelwidrig mit der

Hand oder dem Striker einen Stein, wird er wieder an die ursprüngliche Stelle gelegt. Der Gegner setzt einen Strafstein und ist an der Reihe.

Disqualifikation

Ein Spieler kann vom Match disqualifiziert werden, wenn er
- sich unflätig ausdrückt,
- den Stuhl ohne Erlaubnis des Schiedsrichters verläßt, obwohl das Game noch andauert,
- zu spät zum Entscheidungsgame kommt,
- eine Entscheidung des Schiedsrichters ignoriert,
- den Schiedsrichter oder den Organisator vor dem oder während des Matches beschimpft oder beleidigt,
- mit einem nicht geprüften oder zugelassenen Striker spielt,
- ein Game unerlaubt unterbricht,
- den Gegner trotz Ermahnung mehr als zweimal absichtlich stört.

Besonderheiten während des Spiels

Vor jedem Match dürfen sich die Spieler in 2 Boards einspielen. Dabei sollte jede Partei einmal das Anspielrecht haben.

- Seitenwechsel
  - Nach Beendigung eines Games werden im Einzel die Seiten gewechselt; im Doppel rücken die Spieler einen Platz nach rechts.
  - Im 3. Game eines Matches werden die Seiten stets nach dem 4. Board gewechselt oder wenn eine Partei 13 Punkte hat.
  - Haben die Spieler oder der Schiedsrichter den Seitenwechsel versäumt und stellen das später fest, wird er nach Beendigung des Boards durchgeführt.
  - Der Seitenwechsel darf maximal 2 Minuten dauern.

- Aus dem Board springende Steine
  - Ein herausgesprungener Stein wird genau auf den Zentrumskreis oder auf dessen größtmögliche freie Fläche gelegt.
  - Springt die Queen zusammen mit einem weiteren Stein heraus, wird die Queen auf den Zentrumskreis und der andere Stein direkt hinter sie gelegt, d. h. in der Spielhälfte des Gegners.
  - Springen ein weißer und ein schwarzer Stein gleichzeitig heraus, werden sie so auf den Zentrumskreis gelegt, daß ihre Flächen dort einen gleich großen Platz einnehmen. Dabei muß der eigene Stein auf der Seite des

Gegners über den Zentrumskreis hinausragen.

– Ein Stein, der kurz auf der Bande rollt, aber wieder ins Spielfeld fällt, gilt trotzdem als herausgesprungen und wird nun im Zentrumskreis plaziert. Verschiebt er beim Zurückspringen andere Steine, so werden diese vom Schiedsrichter wieder in ihre ursprüngliche Position gebracht.

– Hingegen gelten Steine als korrekt geschossen, die herausspringen, den Lampenschirm berühren und dadurch zurück auf das Spielfeld fallen. Verschobene Steine werden nicht korrigiert.

• Rollende und aufeinanderliegende Steine

– Kommt ein Carromstein ins Rollen und bleibt aber stehen, so läßt man ihn so.

– Bleiben zwei Carromsteine aufeinander liegen, so wird daran nichts verändert.

– Bleibt der Striker auf einem Stein liegen, so wird der Striker vom Stein genommen, ohne dessen Lage zu verändern.

– Bleibt ein Stein auf dem Striker liegen, wird der Stein angehoben, der Striker entfernt und der Stein anschließend wieder dort plaziert.

– Geschieht das an der Kante eines Ecklochs, und fällt der Stein nach dem Entfernen des Strikers ins Loch, gilt er als versenkt.

– Liegt der Schwerpunkt des Strikers über dem Loch und fällt der Striker nicht hinein, weil er auf dem Stein liegt, gilt der Striker trotzdem als versenkt.

– Bleibt ein Stein schwankend an der Lochkante stehen, fällt aber später hinein, dann gilt er als korrekt versenkt.

• Protest

– Ahndet ein Schiedsrichter einen Regelverstoß eines Spielers nicht, so kann der andere mündlich beim Schiedsrichter Protest einlegen. Nach Beendigung des Boards hat der Spieler 15 Minuten Zeit, seinen Protest schriftlich an die Turnierleitung zu geben. Er soll nur die Tatsachen des Streitfalls und den Punkt der Spielregeln enthalten, der für den Fall zutrifft. Danach wird das Game fortgesetzt.

– Ein angekündigter Protest darf nicht zurückgenommen werden.

– Hat der Protestierende recht, muß das ganze Match wiederholt werden, hat er unrecht, gilt das Ergebnis des unter Protest fertiggespielten Matches.

Allgemeine Regeln

- Es ist nicht gestattet, am Board zu essen, zu trinken und zu rauchen.
- Ein Carromboard, das von der Turnierleitung begutachtet wurde, darf nur noch mit Erlaubnis des Schiedsrichters ausgewechselt werden.
- Falls das Carromboard gewechselt werden sollte (z. B. defekte Spielfläche), darf das nur nach Beendigung eines Boards erfolgen.
- Der Striker darf zwar während eines Matches gewechselt werden, aber der Schiedsrichter muß ihn prüfen. Der Spieler darf den neuen Striker erst nach Beendigung des Boards einsetzen.
- Sollte ein Carromstein durch einen Schuß auseinanderbrechen, wird ein neuer Stein auf die Stelle gelegt, auf der das größere Bruchstück lag.
- Stellt ein Spieler während eines Boards einen Antrag auf Unterbrechung beim Schiedsrichter (z. B. wegen eines Protests), darf der Gegner erst weiterspielen, wenn der Schiedsrichter das Spiel durch das Wort »play« wieder freigegeben hat. Verstößt der Gegner dagegen, gewinnt der Antragsteller mit der Anzahl der gegnerischen Steine, die noch auf dem Brett liegen, und mit 3 Punkten für die Queen.
- Nur zu Beginn eines Boards vor der Spielfreigabe durch den Schiedsrichter darf ein Spieler Gleitmittel auftragen, dessen gleichmäßige Verteilung der Schiedsrichter kontrolliert. Der Gegner darf es dann nicht mehr von der Spielfläche entfernen.
- Ein Spieler darf nicht willentlich auf das Board schlagen oder es bewegen. Tut er es trotzdem, und kann die ursprüngliche Position der Steine nicht wiederhergestellt werden, gewinnt der Gegner das Board mit der Anzahl der Steine des Spielers, die sich auf dem Board befinden, sowie mit 3 Punkten für die Queen, falls sie noch im Spiel ist.
- Solange ein Spieler an der Reihe ist, darf sich der Gegner nicht nach dem Spielstand erkundigen.
- Die Aufmerksamkeit des Spielers darf vom Gegner keinesfalls gestört werden.
- Während des Doppels dürfen die Partner weder miteinander sprechen noch Zeichensprache verwenden. Tun sie es dennoch, erhalten sie einen Strafstein, und das Schußrecht wechselt zum gegnerischen Team.
- Spieler dürfen während eines Matches nicht ohne Erlaubnis mit den Zuschauern oder mit dem Gegner reden.

– Während eines Boards ist es nicht gestattet, den Striker auf den Rahmen zu legen oder ihn im Netz zu lassen. Der Gegner behält seinen Striker in der Hand. Bei einem Regelverstoß gibt es einen Strafstein. Das Schußrecht wechselt allerdings nicht.

– Wenn beide Spieler oder Teams dreimal in fortlaufender Folge schießen, ohne einen Stein berührt zu haben, wird das Board abgebrochen und nicht gewertet. Es muß wiederholt werden.

– Ein Spieler kann ein Game jederzeit ohne Begründung aufgeben.

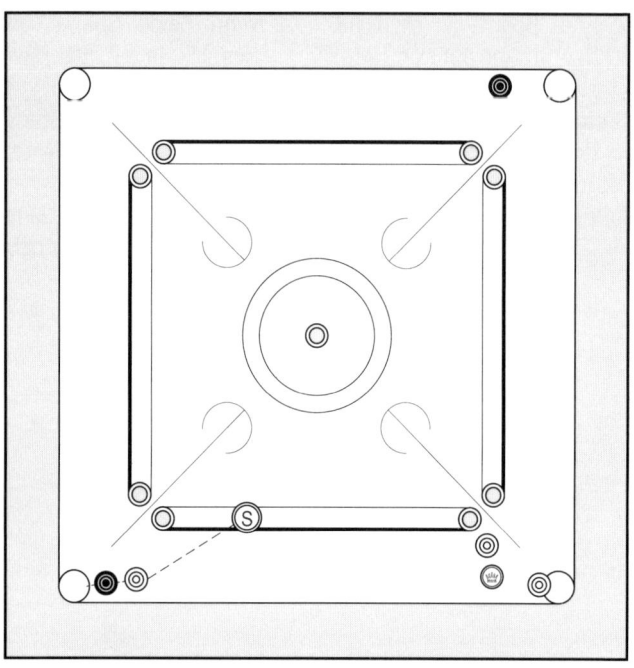

Weiß hat das Schußrecht:
- Weiß spielt den eigenen linken unteren Stein in der Mitte – nicht zu stark – an und versenkt sowohl den schwarzen als auch den weißen Stein.
- Nun versenkt Weiß zuerst mit Hilfe der Queen den eigenen rechten unteren Stein. Die Queen bleibt vor dem rechten unteren Eckloch liegen und wird anschließend eingespielt.

- Weiß bestätigt die Queen mit dem letzten Stein. Weiß gewinnt das Board.

Gelingt es Weiß nicht, beim ersten Schuß den weißen Stein zu versenken, wechselt das Schußrecht zu Schwarz. Doch selbst aus dieser Position heraus hat Schwarz kaum eine Möglichkeit, die Queen zu versenken. Weiß kommt wieder an die Reihe und hat gute Chancen, nun das Board zu beenden.

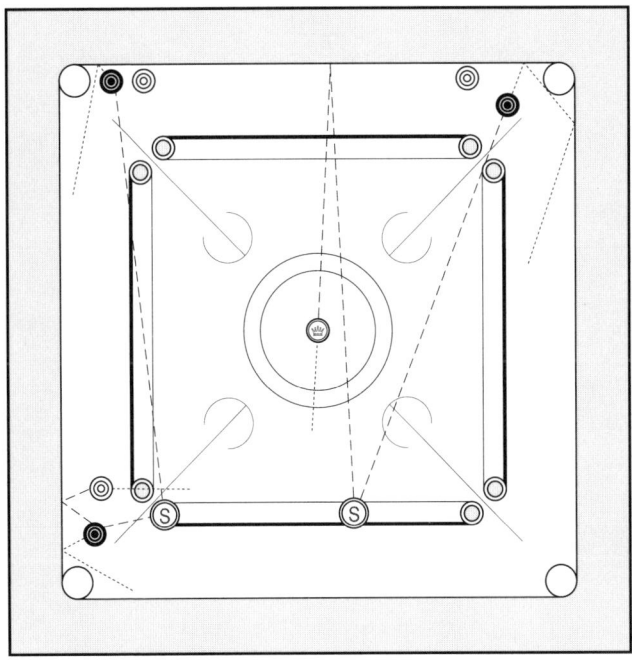

Weiß steht hier vor dem Problem, weder einen eigenen Stein noch die Queen versenken zu können, da er sie nicht bestätigen kann. Deshalb kann Weiß nur einen eigenen Stein freispielen, indem er Schwarz deplaziert, wie hier an drei Beispielen gezeigt wird. Die Alternative besteht darin, die Queen für sich besser und für den Gegner schlechter zu plazieren.

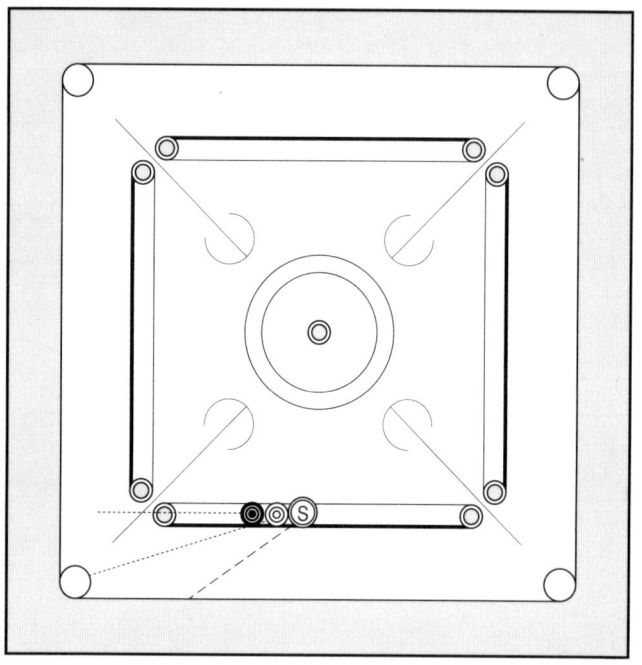

Weiß kann den eigenen Stein in dieser Situation nur ins linke untere Eckloch einspielen. Dazu wird der Striker unmittelbar an den weißen Stein ange- legt. Aufgrund des Widerstandes des schwarzen Steins und der Wahl des richtigen Schußwinkels gleitet der Stein ins Eckloch.

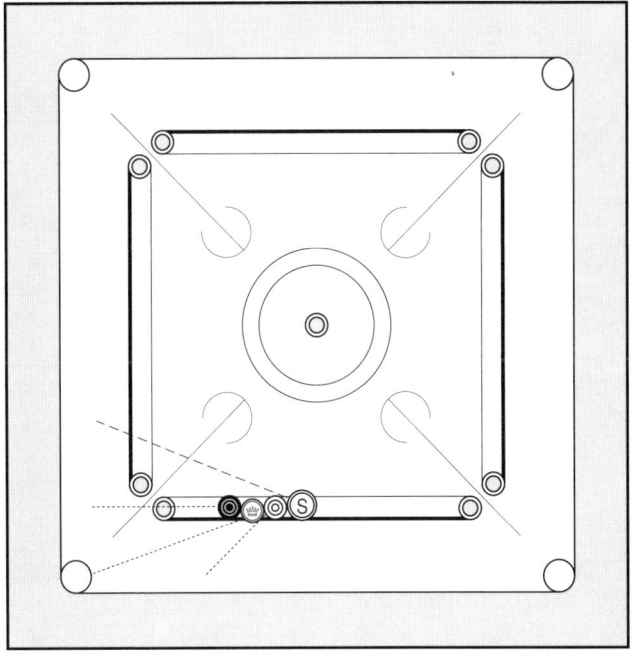

Die Queen wird beiderseits von je einem Stein blockiert und soll im unteren linken Eckloch versenkt werden. Der Schußwinkel des Strikers wird so gewählt, daß die Queen sowohl durch den weißen als auch durch den schwarzen Stein in diese Richtung gelenkt und versenkt wird.

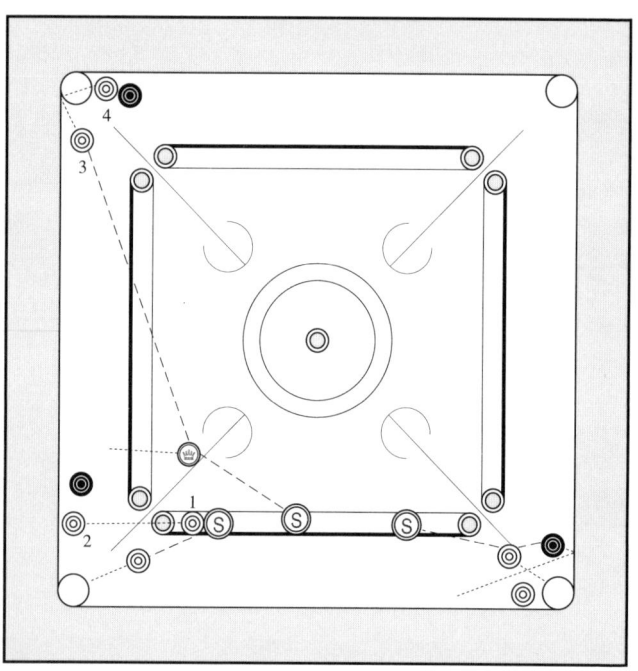

Hier wird mit einem Schuß ein gegnerischer Stein blockiert und gleichzeitig ein eigener Stein versenkt oder besser plaziert.

Der linke Striker:
Der Striker soll den linken unteren Stein versenken und wird so auf den Grundlinien angelegt, daß er Stein 1 berührt. Dieser nimmt bei einem sanften Schuß Position 2 ein und blockiert Schwarz.

Der rechte Striker:
Schwarz wird vom Striker über den weißen Stein angespielt, dadurch von der Bande nach links, hinter den zweiten weißen Stein gestoßen und ist somit blockiert. Der zuerst angespielte weiße Stein wird dabei versenkt.

Der mittlere Striker:
Der Striker versetzt die Queen in eine günstigere Anspiellage und wird dabei so abgelenkt, daß er den eigenen Stein links oben von Position 3 auf 4 bringt. Schwarz ist nun blockiert.

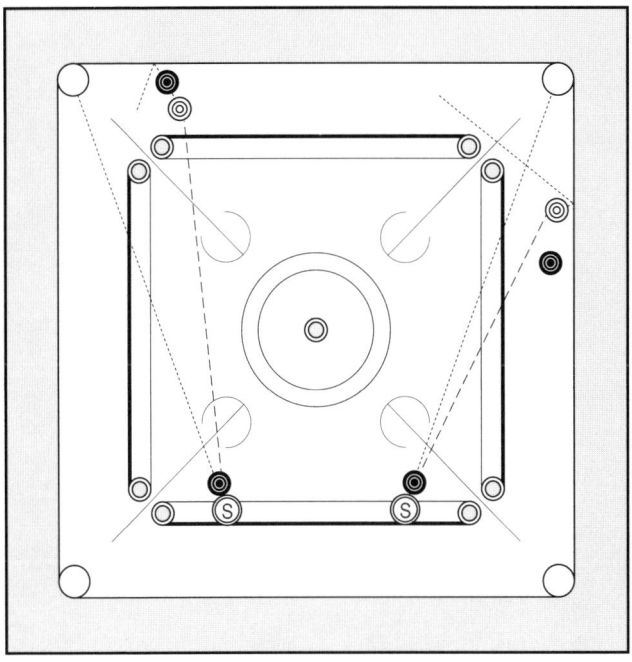

Schwarz könnte beide an den eigenen Grundlinien liegende Steine zwar direkt einspielen, hätte dann aber zwei blockierte Steine und müßte das Schußrecht abgeben. Um das zu verhindern, spielt Schwarz die sicheren Steine so an, daß sie versenkt und gleichzeitig die weißen Blockaden gelöst werden.

Grundsätzlich sollten Sie bei einem sicheren Schuß prüfen, ob Sie gleichzeitig mit demselben Schuß eigene Steine freilegen oder gegnerische deplazieren können.

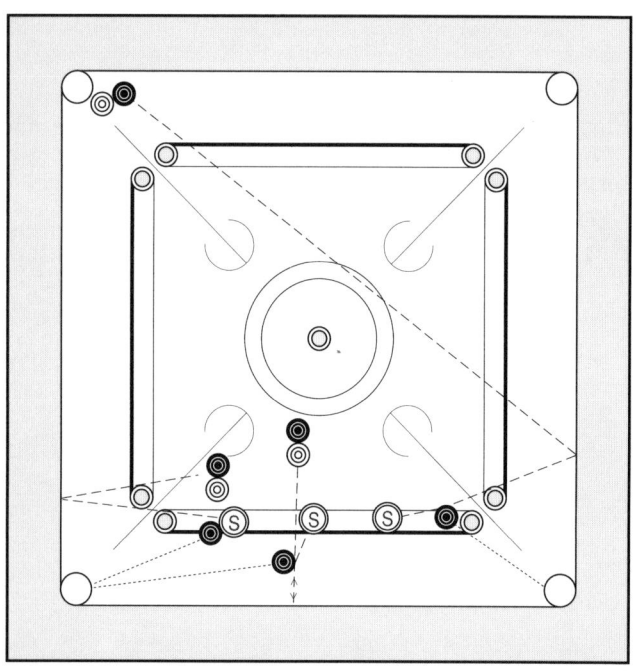

Hier werden Steine versenkt, die auf oder nahe an den eigenen Grundlinien liegen. Da die Steine sehr leicht einzuspielen sind, nutzt man diese Schüsse, um gleichzeitig eigene, blockierte Steine zu befreien.

Der linke Striker:
Der Striker wird an den eigenen Stein angelegt, versenkt diesen und spielt jetzt gleichzeitig über die Bande den schwarzen Stein am Pfeil frei. Ein vergleichbarer Schuß wird mit dem mittleren Striker ausgeführt.

Der rechte Striker:
Der schwarze Stein rechts unten wird vom Striker angeschnitten und versenkt. Auf die rechte Bande abgelenkt, prallt der Striker von dieser ab und versenkt bzw. befreit den linken oberen schwarzen Stein.

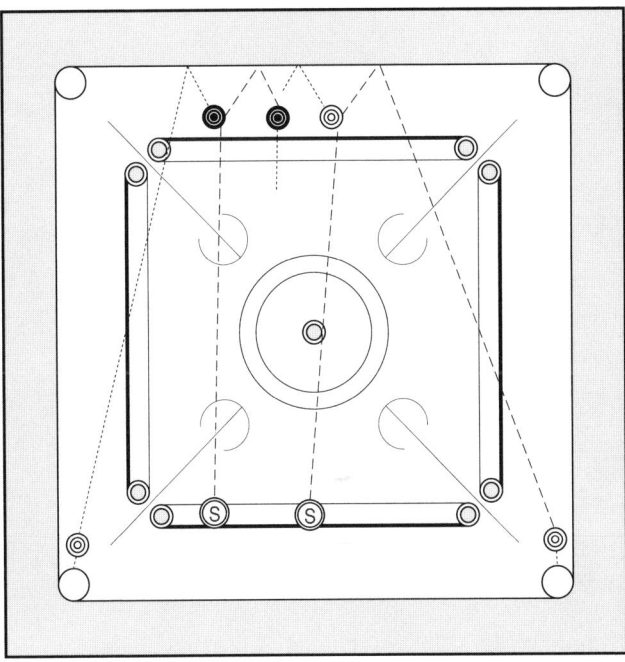

Weiß ist hier gezwungen, das Board zu beenden. Wechselt nämlich das Schußrecht zu Schwarz, so wird dieser das Spiel mühelos gewinnen. Da der eigene obere Stein sehr ungünstig liegt und ein direkter Schuß mißlingen könnte, geht Weiß so vor:

– Zuerst spielt Weiß den linken oberen schwarzen Stein so an, daß er über die gegenüberliegende Bande den weißen Stein links unten versenkt. Der Striker wird von der Bande auf den zweiten gegnerischen Stein gelenkt und bringt ihn so in eine ungünstige Anspielposition.

– Mit einem zweiten Schuß wird der obere weiße Stein versetzt, der nicht mehr vom schwarzen Stein blockiert ist. Der Striker versenkt den rechten unteren Stein.

– Den soeben besser plazierten Stein versenkt Weiß und gewinnt das Spiel.

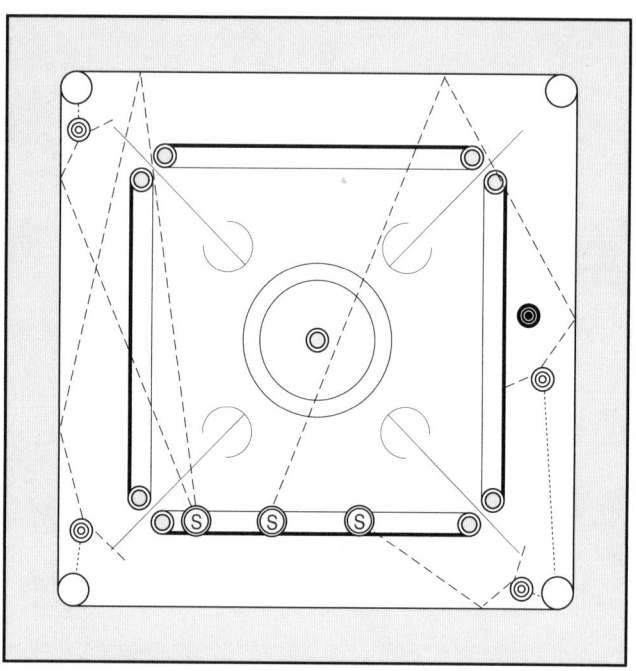

Hier werden Schüsse über eine oder zwei Banden gezeigt, die nötig sind, wenn der direkte Weg durch gegnerische oder eigene Steine versperrt ist, zum Beispiel durch den schwarzen Stein rechts.

Allen Schüssen ist gemeinsam, daß sie sanft ausgeführt werden müssen. Da es hier auf eine exakte Berechnung der Winkel ankommt, in denen die Bande und die Steine getroffen werden müssen, sollten Sie diese Schüsse üben.

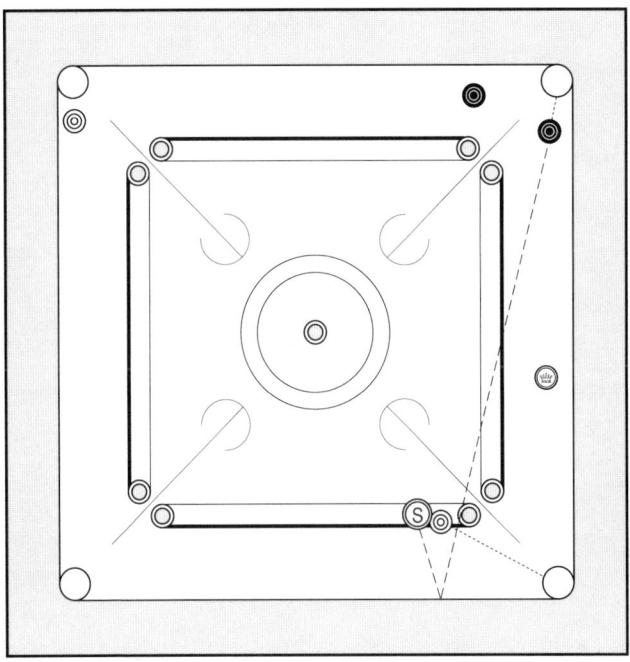

Hier ist dargestellt, wie mit einem Schuß ein eigener Stein versenkt, eine Blockade gelöst und somit das Board beendet werden kann;

– Weiß legt den Striker so an, daß eine gedachte Linie über den weißen Stein knapp oberhalb des rechten unteren Ecklochs auf die Bande trifft. Der Striker wird jetzt so abgeschossen, daß er einerseits den eigenen Stein einspielt und andererseits über die untere Bande den gegnerischen Stein rechts oben versenkt.

– Weiß spielt weiter und kann die Queen, die inzwischen frei liegt, versenken und mit dem Stein links oben bestätigen.

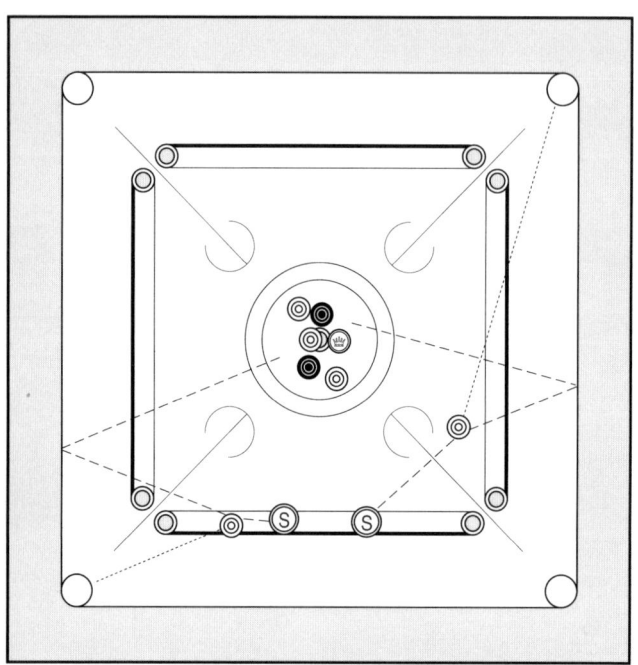

Auch hier wird gezeigt, wie man mit einem Schuß einen Stein versenken und andere im Innenkreis liegende Steine freispielen kann. Allerdings wird hier der Weg über die Seitenbanden gewählt.

Der linke Striker:
– Weiß schneidet den linken unteren Stein so an, daß dieser ins linke untere Eckloch eingespielt wird.
– Nach dem Abprall des Strikers vom linken unteren Stein und der linken Seitenbande verändert er auch die Position der eigenen Steine im Innenkreis, die in ihrer ursprünglichen Lage nicht zu versenken gewesen wären.
Beim rechten Beispiel geht Weiß in der gleichen Art vor.

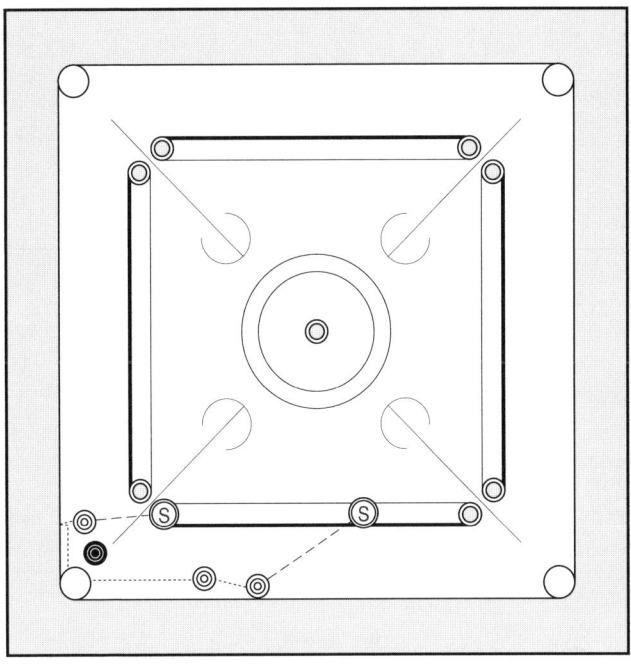

Diese Skizze zeigt zwei Beispiele für Daumenschüsse:
Der linke Striker:
Der weiße Stein links wird so angespielt, daß er auf die Bande und am Ende der kurz gestrichelten Linie wieder auf den Striker trifft und dadurch ins linke untere Eckloch versenkt wird.

Der rechte Striker:
Beide weißen Steine stellen füreinander Blockaden dar. Weiß löst sie auf, indem er zunächst den rechten unteren Stein so anspielt, daß dieser jetzt von der Bande abprallt, dann den anderen eigenen Stein trifft und ihn dadurch versenkt.

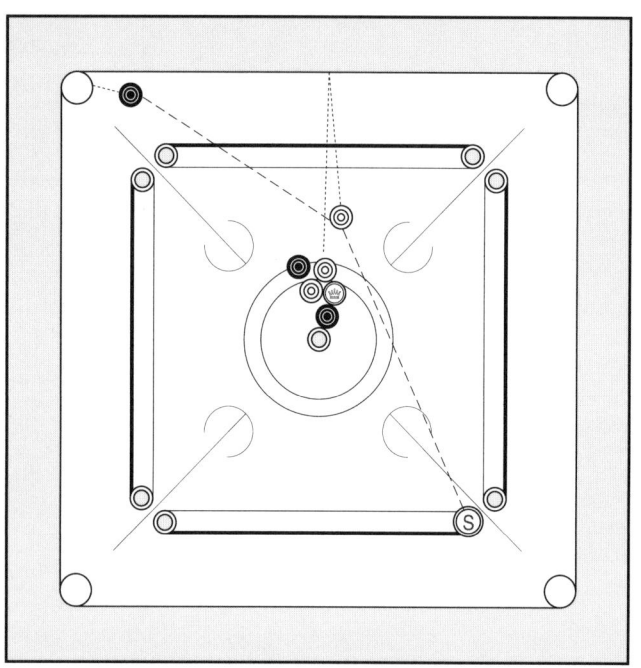

Diese Situation soll zeigen, wie man in einem Schuß unter Zuhilfenahme eines gegnerischen Steins einen eigenen versenkt. Und gleichzeitig kann man die ungünstige Lage der eng aneinanderliegenden Steine verändern.

Schwarz spielt also über den gegnerischen Stein den eigenen Stein ins linke obere Eckloch, wobei der weiße Stein über die Bande zurückgestoßen wird und den Block in der Mitte öffnet. Somit werden auch die eigenen Steine und die Queen freigelegt, und das Board kann beendet werden.

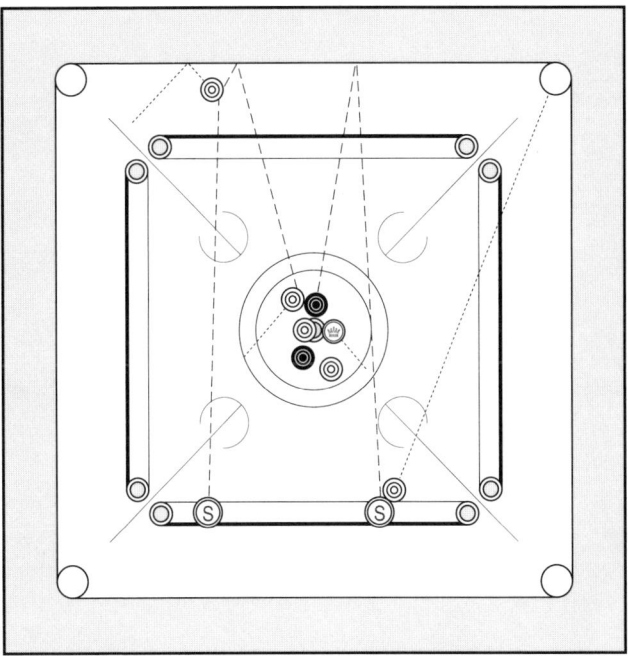

Weiß legt den rechten Striker so an, daß eine gedachte Linie durch die Mitte des Strikers und des Steins zur rechten Bande knapp unterhalb des Ecklochs führt. Die gegenüberliegende Bande wird so anvisiert, daß der geschossene Striker von ihr abprallt und den oberen schwarzen Stein trifft.

– Der am Striker anliegende Stein geht ins rechte obere Eckloch.
– Der obere schwarze Stein trifft die Queen, die in Richtung des rechten unteren Ecklochs gleitet.

Den linken Striker spielt Weiß so an, daß:

– der obere weiße Stein angeschnitten wird, auf die gegenüberliegende Bande trifft und von ihr abprallt. So nimmt er eine bessere Position ein.
– der von der gegenüberliegenden Bande abprallende Striker den oberen weißen Stein im Innenkreis in die Nähe des linken unteren Ecklochs schießt, von wo aus dieser leicht einzuspielen ist.

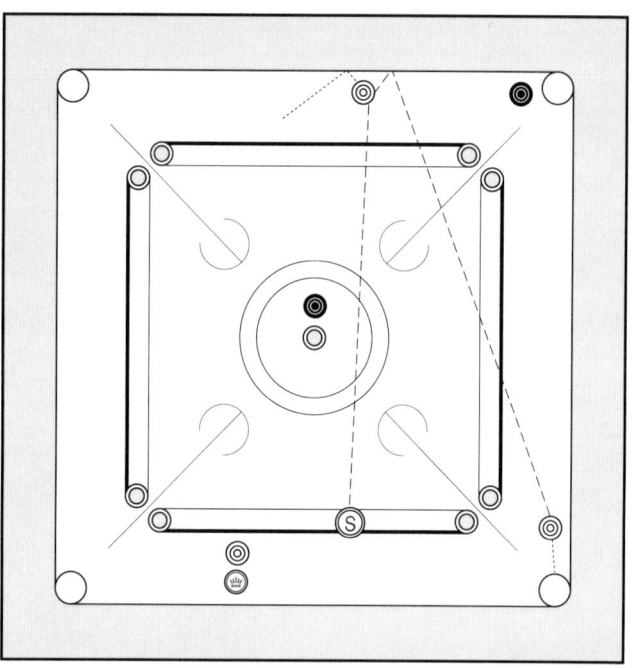

Auch in dieser Situation hat Weiß die Möglichkeit, die Queen zu versenken und sie mit dem weißen Stein links unten zu bestätigen. Versenkt er jedoch einen der beiden Steine nicht, wechselt das Schußrecht. Auf Grund der Position seiner Steine wäre es für Schwarz nun einfach, das Board zu beenden.

Weiß geht daher so vor:

– Der Striker trifft den weißen oberen Stein so, daß dieser in eine bessere Position gelangt.

– Durch das richtige seitliche Anschneiden dieses Steins gelangt der Striker von der gegenüberliegenden Bande auf den weißen unteren Stein rechts und versenkt ihn.

– Mißlingt der Schuß, so wird es für Schwarz fast unmöglich, die Queen in ihrer jetzigen Position zu versenken, und Weiß kommt wieder an die Reihe.

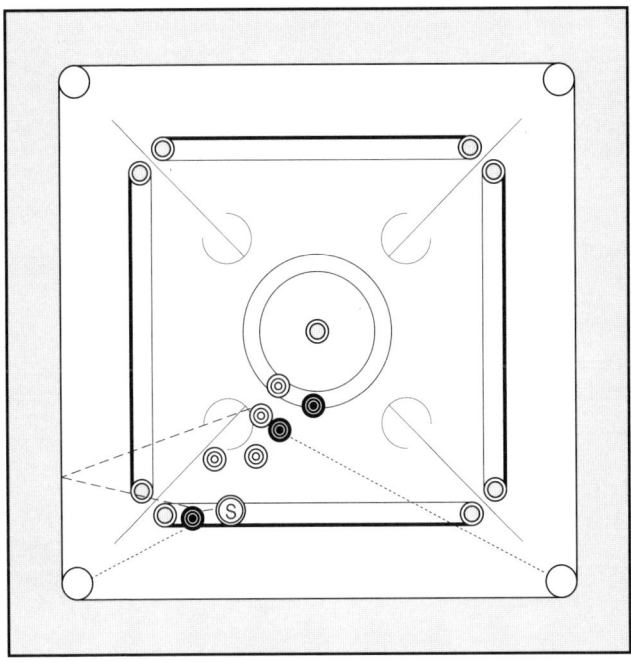

Schwarz steht vor einer aussichtslosen Situation: Der linke untere Stein kann zwar direkt versenkt werden, die beiden anderen aber nicht. Sie sind durch Weiß blockiert. Schwarz geht folgendermaßen vor:

– Zuerst wird der linke untere schwarze Stein so angespielt, daß er ins linke untere Eckloch trifft.

– Der Striker prallt von diesem Stein nun auf die Bande ab und wird von dort zum mittleren weißen Stein abgestoßen. Dieser bringt nun den schwarzen Stein ins rechte untere Eckloch. Damit ist auch die eigene Blockade für den oberen eigenen Stein gelöst, und Schwarz kann das Board beenden.

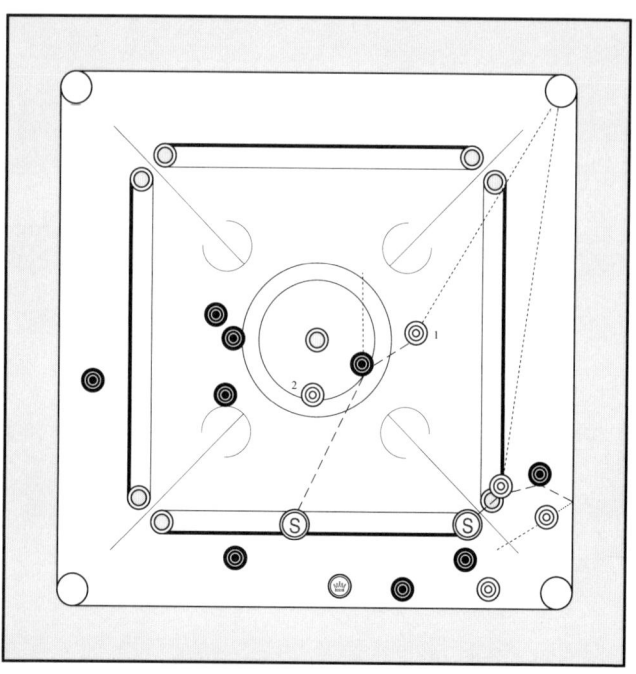

Hier versenkt Weiß einen eigenen Stein, löst eine Blockade auf und plaziert seinen anderen Stein besser.

Der linke Stein:
Weiß versenkt seinen Stein unter Zuhilfenahme des gegnerischen Steins im rechten oberen Eckloch. Dadurch wird gleichzeitig die Blockade aufgelöst, die Stein 2 behindert.

Der rechte Striker:
Der Striker am rechten Grundlinienkreis versenkt den eigenen Stein rechts oben. Der weiße Stein wird seitlich so getroffen, daß der Striker den gegnerischen Stein berührt. Von diesem auf die Bande abgelenkt, trifft der Striker den weißen Stein und bringt ihn in eine bessere Position.

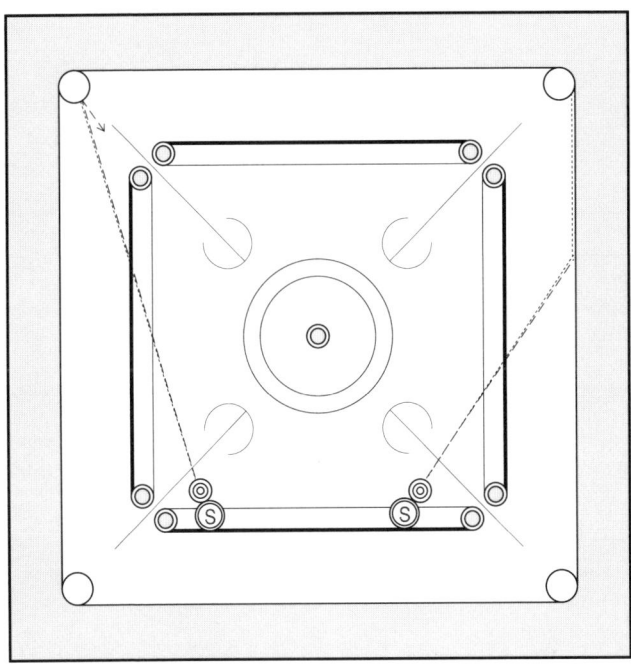

Liegt ein Stein so nahe an den Grundlinien, daß der Striker direkt angelegt werden kann, bieten sich Ihnen u.a. diese beiden Möglichkeiten.

Der linke Striker:
Er wird mit dem Stein auf eine direkte Linie zum linken oberen Eckloch gelegt. Der Schuß wird so ausgeführt, daß der Striker dem Stein unmittelbar nachfolgt, dieser dann auf die Rundung der Bande am Eckloch trifft und der Striker vom Stein zurück aufs Spielfeld gelenkt wird; der Stein fällt ins Eckloch.

Der rechte Striker:
Auch hier kommt es darauf an, daß der Striker dem Stein direkt folgt. Wie mit einem Preßschuß versenkt der Striker den Stein durch das Auftreffen auf die rechte Bande.

75

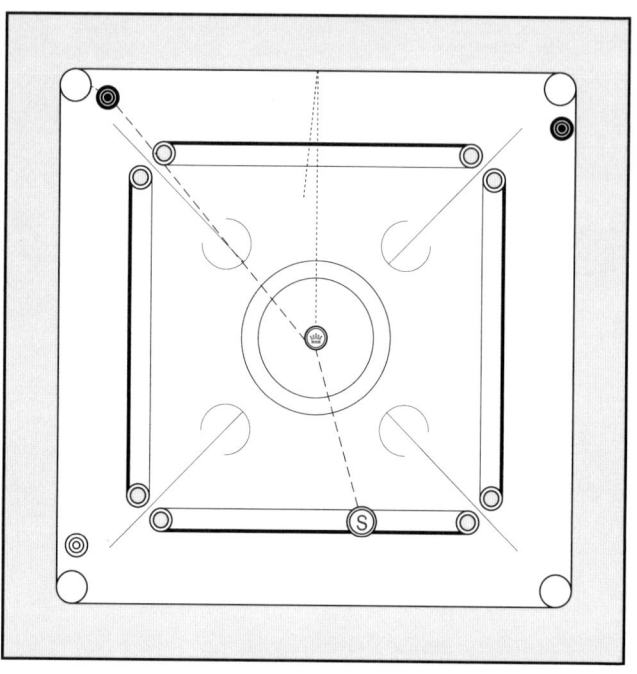

Schwarz spielt die Queen so an, daß:
- der Striker abweicht und den linken oberen Stein versenkt.
- die Queen von der gegenüberliegenden Bande zurückgestoßen wird und in der Nähe der eigenen Grundlinien liegenbleibt. Von hier aus ist sie einfacher zu versenken.
- er dann die Queen versenkt und mit dem rechten oberen Stein bestätigt.

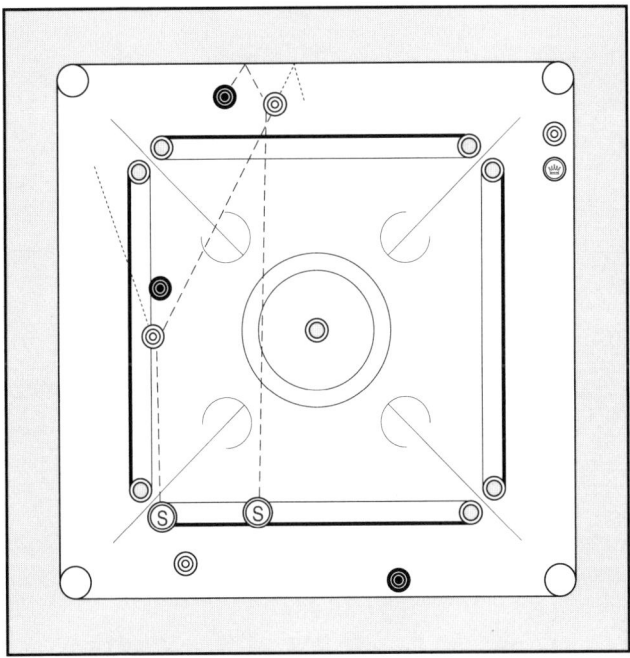

Zwei Varianten, mit denen Weiß das Board beenden kann.

Erste Variante:
- Der Striker links versenkt den linken Stein.
- Der obere weiße Stein kommt in eine bessere Position.
- Weiß spielt mit Hilfe der Queen zuerst den rechten oberen Stein ins rechte obere Eckloch, versenkt dort die Queen und bestätigt sie mit dem linken unteren Stein. Dann versenkt Weiß seinen letzten Stein.

Zweite Variante:
- Der Striker rechts schneidet den eigenen oberen Stein an, verbessert dessen Lage und deplaziert somit den schwarzen Stein. Jetzt spielt Schwarz.
- Versenkt Schwarz einen oder zwei eigene Steine, so muß er noch die Queen einspielen und bestätigen. Das wird mißlingen.
- Weiß schießt seinen linken mittleren Stein links oben ein und verfährt dann gemäß Variante 1.

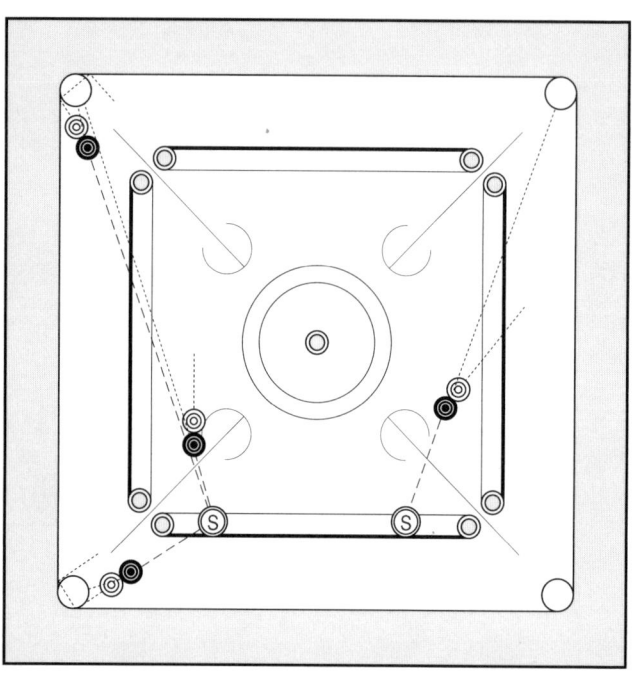

Hier werden vier Möglichkeiten gezeigt, wie Schwarz seine blockierten Steine versenken kann, vorausgesetzt, daß die gegnerischen Steine nicht die eigenen berühren. Außerdem dürfen sie nicht in einer direkten Linie zum Eckloch liegen.

Der linke Striker wird so nach links unten gespielt, daß der schwarze Stein in der Mitte getroffen ins linke untere Eckloch fällt. Der weiße Stein prallt erst an der unteren, dann an der linken Bande ab.

– Schwarz spielt den Striker nach links oben und trifft die beiden knapp vor dem linken oberen Eckloch liegenden Steine; der schwarze Stein wird versenkt.

– In einem nächsten Schuß drückt der schwarze den weißen Stein zur Seite; der schwarze trifft ins Eckloch.

– Schwarz spielt den rechten Striker nach rechts oben und trifft den schwarzen Stein in der Mitte, damit er oben versenkt wird. Der weiße Stein prallt auf die rechte Bande.

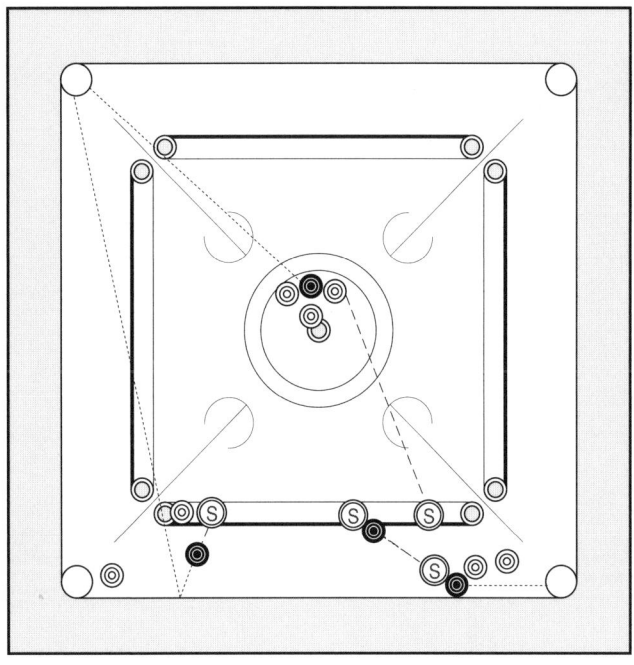

Hier muß Schwarz gegnerische Blok-
kaden umgehen.
Der linke Striker:
Schwarz spielt den Stein über die untere Bande ins linke obere Eckloch und
umgeht die Blockade links unten.
Der mittlere Striker:
Der Stein wird so angeschossen, daß
er beim Auftreffen auf die untere Bande vom hinterhergleitenden Striker
und der weißen Blockade touchiert
wird und deshalb ins rechte untere
Eckloch geht.

Der rechte Striker:
Durch einen Preßschuß wird die weiße
Blockade dazu benutzt, einen eigenen
Stein zu versenken. Der weiße Stein
wird so angeschnitten, daß er den
schwarzen gegen den linken gegnerischen Stein preßt. Dadurch wird der
schwarze Stein ins linke obere Eckloch
abgelenkt.

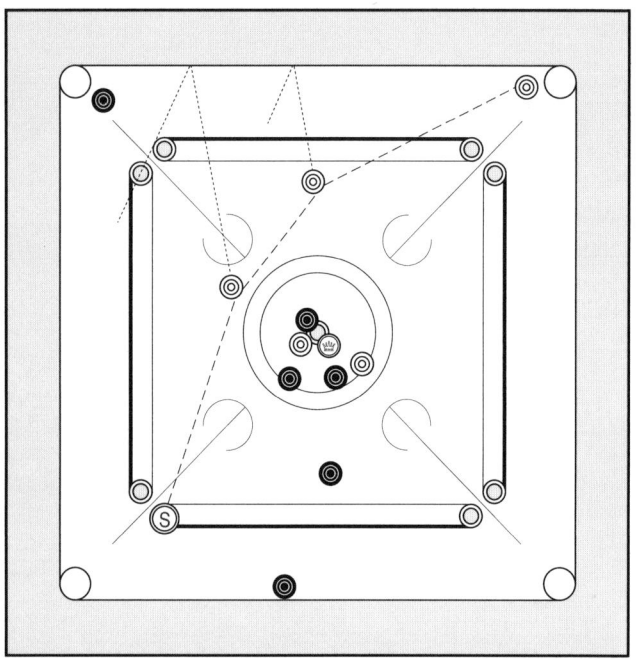

Weiß versucht mit einem Schuß den rechten oberen Stein zu versenken. Gleichzeitig bringt er zwei eigene Steine in eine Position, von der aus sie in das linke obere Eckloch eingespielt werden können. Dieser Schuß ist sehr schwierig, weil die zweimalige Richtungsänderung des Strikers zu berechnen ist, und es sollte deshalb geduldig geübt werden.

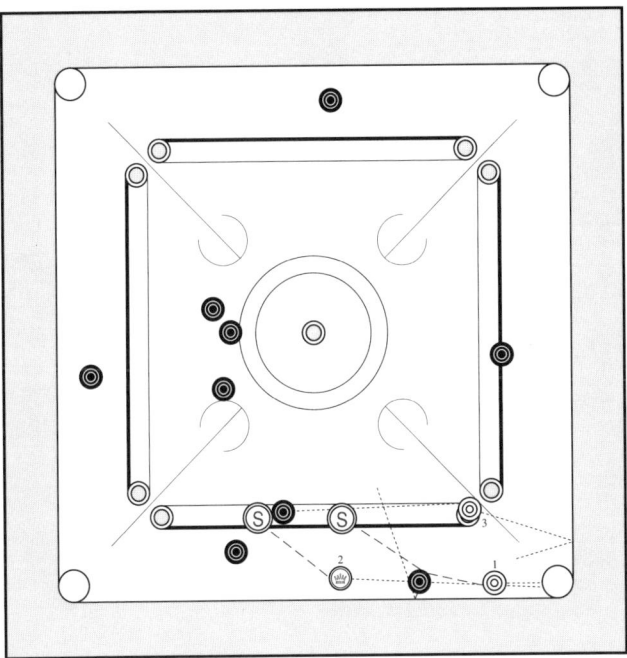

Weiß kann dieses Board sehr hoch gewinnen, wenn es ihm gelingt, es jetzt zu beenden. Dafür gibt es die folgende Strategie:

- Um den Weg für die Queen (2) zu öffnen, wird der Striker auf die rechte Position gelegt, von wo aus er seinen Stein (1) rechts unten versenkt. Dabei schneidet er den gegnerischen Stein so an, daß dieser

von der unteren Bande abprallt und dadurch seine blockierende Eigenschaft verliert.
- Den linken Striker legt man an den gegnerischen Stein an und versenkt die Queen rechts unten. Dabei wird der schwarze Stein auf den weißen (3) gespielt, der – jetzt besser plaziert – die Queen im Folgeschuß bestätigt.

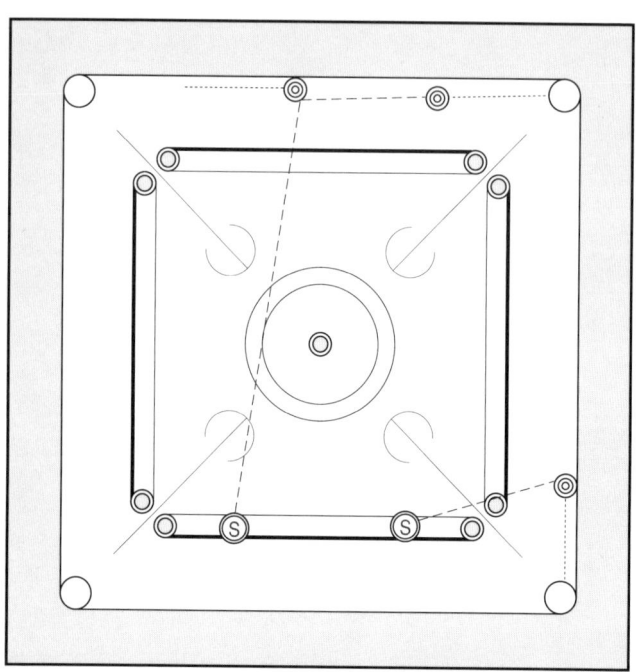

Der linke Striker:
Der linke weiße Stein an der gegenüberliegenden Bande wäre durch einen
Preßschuß, bei dem man den Striker
etwas rechts von der Mitte des Boards
anlegt, einfacher zu versenken. Jedoch
liegt dann der rechte obere Stein wei-
terhin sehr ungünstig. Daher wählt
Weiß für diesen Preßschuß einen anderen Anspielwinkel. Das hat den Vorteil, daß mit einem Schuß zwei
schlecht plazierte Steine gleichzeitig
versenkt werden können.

Der rechte Striker:
Spieler, die Preßschüsse aus diesem
Anspielwinkel häufig trainieren, werden den rechts unten gezeigten Schuß
bevorzugen, anstatt diesen Stein mit
dem Striker über die gegenüberliegende Bande zu versenken.

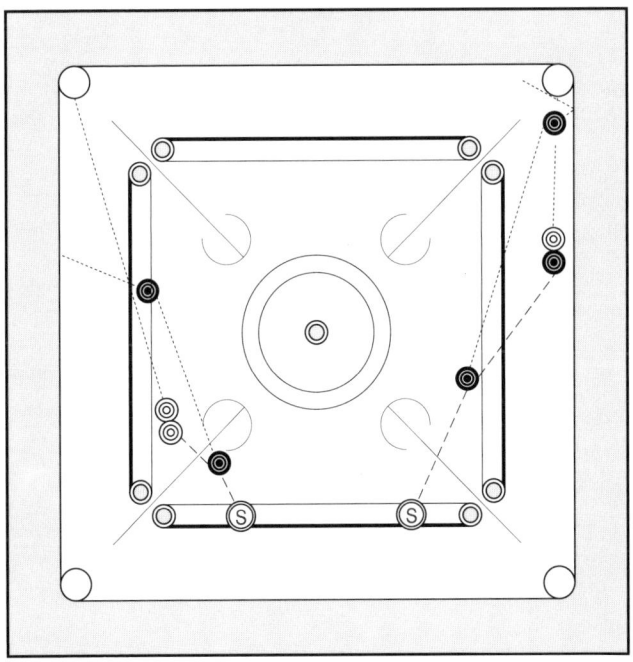

Hier unternimmt Weiß den schwierigen, aber möglichen Versuch, mit jeweils einem Schuß mit Hilfe eines gegnerischen Steins sowohl die eigenen Steine zu versenken als auch die gegnerische Blockade zu lösen.

– Der Striker schießt den linken unteren auf den linken oberen schwarzen Stein, der dadurch an die linke Bande gelenkt wird. So ist der Weg für die vom Striker inzwischen getroffenen weißen Steine ins linke obere Eckloch frei.

– Das Anspiel auf den eigenen Stein rechts oben verläuft ähnlich. Mit einem kräftig ausgeführten Schuß wird der Stein versenkt, und Weiß gewinnt das Spiel. Die zuerst getroffenen Steine prallen von der Bande ab und werden nicht versenkt.

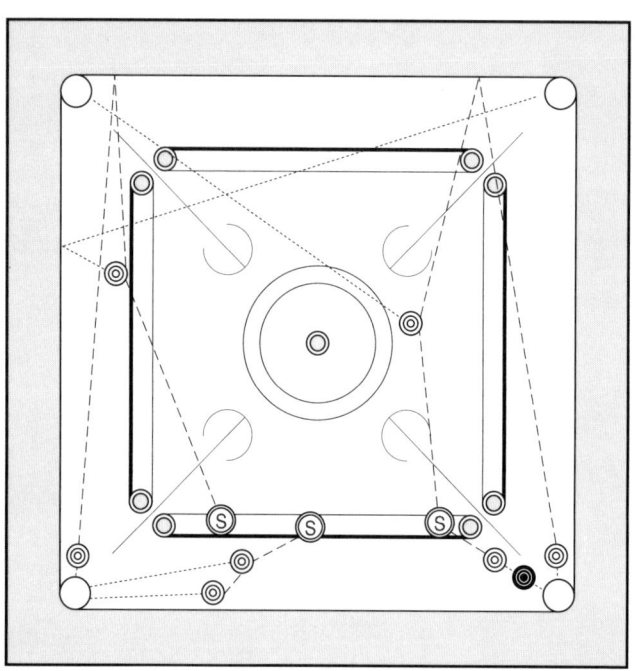

Hier werden mit einem Schuß zwei Steine auf einmal versenkt, wenn man die Anspielpunkte exakt berechnet.

Der linke Striker:
- Der linke obere weiße Stein wird angeschnitten, damit er von der Seitenbande abprallt und in das rechte obere Eckloch trifft.
- Der Schuß soll so stark ausgeführt werden, daß der Striker anschließend von der gegenüberliegenden Bande auf den linken unteren Stein prallt und ihn versenkt.

Der mittlere Striker:
Der Striker wird so auf der Grundlinie plaziert, daß er zuerst den näher liegenden Stein anschneidet und ihn dadurch direkt versenkt. Von diesem Stein wird der Striker zum anderen Stein abgelenkt und versenkt ihn ebenfalls.

Der rechte Striker:
Die Position des Strikers eröffnet zwei Möglichkeiten:
- Der Striker versenkt den schwarzen und den weißen Stein, die in einer Linie zum unteren Eckloch liegen.

Mit dem zweiten Schuß wird dann der rechte obere Stein – mit genauem Timing – angeschnitten und so links oben versenkt.

– Der Striker trifft auf die gegenüberliegende Bande und prallt von ihr auf den rechten unteren Stein, der ebenfalls versenkt wird.

Tips

- Nützen Sie jede Möglichkeit, mit erfahrenen Spielern zu trainieren und ihre Taktiken kennenzulernen.
- Spielen und trainieren Sie nur, wenn Sie Lust dazu haben.
- Spielen Sie grundsätzlich konzentriert, auch wenn es sich nur um ein Trainingsspiel oder ein Spiel unter Freunden handelt.
- Spielen Sie möglichst häufig ein Doppelspiel, denn hierbei sind taktische Elemente von sehr großer Bedeutung.
- Spielen Sie auch in kritischen Situationen schwierige Schüsse. Ein erfolgreich durchgeführter Schuß ist für die Entwicklung Ihres Spielvermögens wichtiger als ein defensiv und ideenlos gewonnenes Match.

- Überlegen Sie immer Ihre weiteren Spielzüge und Schußmöglichkeiten, während der Gegner noch an der Reihe ist.
- Lassen Sie sich während des Spiels keinesfalls durch äußere Einflüsse ablenken.
- Unterschätzen Sie niemals einen Gegner.
- Glauben Sie nie, bereits alles zu beherrschen, denn schon im nächsten Spiel können Sie vor einem »unlösbaren« Problem stehen.
- Beobachten Sie auf Turnieren Ihre Gegner, um deren Spielweise zu ergründen.
- Seien Sie auf Grund von Mißerfolgen nie böse mit Ihrem Striker oder dem Carromboard.

Gut Schnipp!

»Fingerfertigkeit – Taktik – Konzentration« wesentliche Voraussetzungen, um ein guter Carromspieler zu werden.

UNSER TIP

Das japanische Brettspiel Go
(2020) Von W. Dörholt, 104 S.,
182 Diagr., kart.,
DM 9,80, S 79,–, SFr 9,80

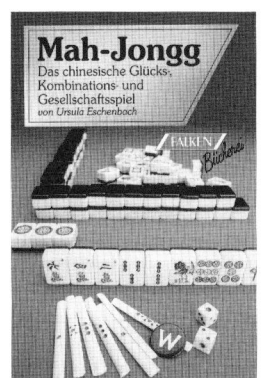

Mah-Jongg
Das chinesische Glücks-, Kombina-
tions-, und Gesellschaftsspiel
(2020) Von U. Eschenbach, 80 S.,
30 s/w-Fotos, 5 Zeichn., kart.,
DM 9,80, S 79,–, SFr 9,80

Backgammon
für Anfänger und Könner
(2008) Von G. W. Fink, G. Fuchs,
104 S., 41 Abb., kart.,
DM 9,80, S 79,–, SFr 9,80

Roulette richtig gespielt
Systemspiele, die Vermögen brachten
(0121) Von M. Jung, 96 S., zahlreiche
Tabellen, kart.,
DM 7,80, S 69,–, SFr 7,80

Black Jack
Regeln und Strategien des
Kasinospiels
(2032) Von K. Kelbratowski, 88 S.,
kart.,
DM 9,80, S 79,–, SFr 9,80

Das Skatspiel
Eine Fibel für Anfänger
(0206) Von K. Lehnhoff, 96 S., kart.,
DM 6,80, S 59,–, SFr 6,80

Der Spezialist für nützliche Bücher.

UNSER TIP

Doppelkopf · Schafkopf
Binokel, Cego, Tarock und andere
Stammtischspiele
(2015) Von C. D. Grupp, 112 S., kart.,
DM 9,80, S 79,–, SFr 9,80

Spielend Bridge lernen
(2012) Von J. Weiss, 96 S.,
58 Zeichn., kart.,
DM 7,80, S 69,–, SFr 7,80

Kartentricks
Zauberhafte Kunstgriffe
mit Spielkarten
(2010) Von T. A. Rosee, 80 S.,
13 Zeichn., kart.,
DM 6,80, S 59,–, SFr 6,80

Patiencen
in Wort und Bild
(2003) Von I. Wolter-Rosendorf,
120 S., kart.,
DM 7,80, S 69,–, SFr 7,80

Familien- und Gesellschaftsspiele
mit Karten
(2001) Von C. D. Grupp, 144 S., kart.,
DM 9,80, S 79,–, SFr 9,80

Gesellschaftsspiele
für drinnen und draußen
(2006) Von H. Görz, 112 S., kart.,
DM 8,80, S 74,–. SFr 8,80

Der Spezialist für nützliche Bücher.

Falls durch besondere Umstände Preisänderungen notwendig werden, erfolgt Auftragserledigung zu dem bei der Lieferung gültigen Preis.

NÜTZLICHE RATGEBER

EINE AUSWAHL

Essen und Trinken

Meine feine Bürgerliche Küche
(4411-9) Von E. Falout, 160 S., 119 Farbfotos, Pappband. ●●●

Kochen für 1 Person
Rationell wirtschaften, abwechslungsreich und schmackhaft zubereiten. (0586-5) Von M. Nicolin, 104 S., 8 Farbtafeln, 23 Zeichnungen, kart. ●

Schnell und individuell
Die raffinierte Single-Küche
(4266-3) Von F. Faist, 160 S., 151 Farbfotos, Pappband. ●●●

Für Kenner und Genießer **Lamm**
(1090-7) Von H. Imhof, 64 S., 50 Farbfotos, Pappband. ●

Frischer Fang aus Fluß und Meer **Fisch**
(0964-X) Von L. Grieser, 64 S., 69 Farbfotos, Pappband. ●

Edler Kern in harter Schale **Meeresfrüchte**
(0886-4) Von L. Grieser, 48 S., 52 Farbfotos, Pappband. ●

Gaumenfreuden Tag für Tag
Pfannengerichte
(1007-9) Von S. Fabke, 64 S., 54 Farbfotos, Pappband. ●

Von Tatar und falschen Hasen **Hackfleisch**
(0866-X) Von A. und G. Eckert, 64 S., 42 Farbfotos, Pappband. ●

Aus eigener Küche **Gute Wurst**
(0948-8) Von J. Bessel, G. Quaas, 80 S., 8 Farbtafeln, kart. ●

Aus lauter Lust und Liebe **Knoblauch**
(0867-8) Von L. Reinirkens, 64 S., 45 Farbfotos, Pappband. ●

Kochen und würzen mit **Paprika**
(0792-2) Von A. und G. Eckert, 88 S., 8 Farbtafeln, kart. ●

Bintje, Irmgard und Sieglinde
Kartoffeln
(1032-X) Von S. Fabke, 64 S., 43 Farb- und 1 s/w-Foto, Pappband. ●

Leicht und lecker
Nudelgerichte
Die besten Rezepte aus der 3 GLOCKEN-Feinschmecker-Küche.
(0466-2) Von Chr. Stephan, 80 S., 8 Farbtafeln, kartoniert. ●

Pasta in Höchstform **Nudeln**
(0884-8) Von M. Kirsch, 64 S., 62 Farbfotos, Pappband. ●

Kräftig klar und cremig zart **Feine Suppen**
(1031-1) Von H. Imhof, 64 S., 48 Farbfotos, Pappband. ●

Herzhaftes für Leib und Seele **Eintöpfe**
(0820-1) Von P. Klein, 48 S., 30 Farbfotos, Pappband. ●

Spezialitäten unter knuspriger Decke
Aufläufe
(0882-1) Von C. Adam, 48 S., 33 Farbfotos, Pappband. ●

In Hülle und Fülle **Pasteten und Terrinen**
(0883-X) Von M. Kirsch, 48 S., 62 Farbfotos, Pappband. ●

Die Krönung der feinen Küche **Saucen**
(0817-1) Von G. Cavestri, 48 S., 40 Farbfotos, Pappband. ●

Schlank und köstlich **Spargel**
(1005-2) Von M. Kirsch, 64 S., 44 Farbfotos, Pappband. ●

Von Aubergine bis Zucchini **Gemüse**
(1061-3) Von H. Cohrs, 64 S., 39 Farbfotos, Pappband. ●

Statt Breakfast und Lunch **Brunch**
(1033-8) Von C. Adam, 64 S., 49 Farbfotos, Pappband. ●

Die schönsten Rezepte für
Frühstück und Brunch
(1063-X) Von K. Kruse-Schorling, 80 S., 8 Farbtafeln, kart. ●

Mit Lust und Liebe
Kochen mit den Meistern
(4445-3) 176 S., 132 Farbfotos, 50 Graffiti, Pappband. ●●●●

Zaubern mit der schnellen Welle
Die neue Mikrowellenküche
(4289-2) Von F. Faist, 208 S., 188 Farbfotos, Pappband. ●●●●

Schnell auf den Tisch gezaubert
Kochen mit Mikrowellen
(0818-X) Von A. Danner, 64 S., 52 Farbfotos, Pappband. ●

Knusprig braten und backen im
Mikrowellen-Kombigerät
(0996-5) Von T. Peters, 128 S., 108 Farbfotos, kartoniert. ●

Leicht und vitaminreich
Vegetarische Mikrowellenküche
(0995-7) Von F. Faist, 118 S., 103 Farbfotos, kartoniert. ●●

Schnell und individuell
Mikrowellenküche für Singles
(0997-6) Von A. Görgens, 118 S., 103 Farbfotos, kartoniert. ●●

Vom ersten Versuch zum Menü
Mikrowellenküche leicht gemacht
(0994-1) Von T. Peters, 112 S., 96 Farbfotos, kartoniert. ●●

Zart gedünstet, schonend gegart
Fischgerichte aus der Mikrowellenküche
(1092-3) Von A. Ilies, 96 S., 106 Farbfotos, kartoniert. ●●

Köstliches ganz schnell gezaubert
Aufläufe aus der Mikrowellenküche
(1093-1) Von K. Kruse-Schorling, 96 S., 89 Farbfotos, kartoniert. ●●

Natürlich Kochen im
Mikrowellen-Römertopf
(0947-X) Von F. Faist, 96 S., 8 Farbtafeln, kartoniert. ●

Das neue Fritieren
geruchlos, schmackhaft und gesund.
(0365-X) Von P. Kühne, 88 S., 8 Farbtafeln, kart. ●

Goldbraun und knusprig
Fritierte Leckerbissen
(0868-6) Von F. Faist, 64 S., 47 Farbfotos, Pappband. ●

Schnell und gut gekocht
Die tollsten Rezepte für den Schnellkochtopf
(0265-3) Von J. Ley, 96 S., 8 Farbtafeln, kart. ●

Italienische Vorspeisen **Antipasti**
(1006-0) Von S. Reiter-Westphal, 64 S., 47 Farbfotos, Pappband. ●

Schlemmerreise durch die
Italienische Küche
(4172-1) Von V. Pifferi, 160 S., 109 Farbfotos, Pappband. ●●●

Schlemmen wie bei Mamma Maria
Pizzas
(0815-5) Von F. Faist, 64 S., 62 Farbfotos, Pappband. ●

Spaghetti, Tagliatelle + Co.
Pasta all'Italiana
(1004-4) Von I. Seyric, 64 S., 57 Farbfotos, Pappband. ●

Pikantes und Süßes mit französischem Charme **Bistro-Küche**
(4428-3) Von V. Müller, 160 S., 130 Farbfotos, Pappband. ●●●

Schlemmerreise durch die
Französische Küche
(4296-5) Von H. Imhof, 160 S., 147 Farbfotos, 3 s/w-Fotos, Pappband. ●●●

Schlemmerreise durch die
Chinesische Küche
(4184-5) Von K. H. Jen, 160 S., 117 Farbfotos, Pappband. ●●●

Verheißungsvoll fernöstlich
Spezialitäten aus dem Wok
(0933-X) Von K. H. Jen, 56 S., 56 Farbfotos, Pappband. ●

Mit Lust und Liebe **Chinesisch Kochen**
(4441-0) Von Ho Fu-Lung, Uli Franz, 176 S., 189 Farbfotos, 29 Zeichnungen, Pappband. ●●●●

Mehr Freude und Erfolg beim **Grillen**
(4141-1) Von A. Berliner, 160 S., 147 Farbfotos, 10 farbige Zeichnungen, Pappband. ●●●

Köstliches von Rost und Spieß **Grillen**
(0931-3) Von A. Kalcher-Dähn, H. K. Kalcher, 64 S., 43 Farbfotos, Pappband. ●

Rezepte rund um Raclette und Doppeldecker
(0420-6) Von J. W. Hochscheid, 72 S., 8 Farbtafeln, kart. ●

Schlemmen in geselliger Runde
Fleischfondues
(0966-6) Von M. Spötter, 64 S., 62 Farbfotos, Pappband. ●

Fondues und Raclettes
(4253-1) Von F. Faist, 160 S., 125 Farbfotos, Pappband. ●●●

Die hier vorgestellten Bücher, Videokassetten und Software sind in folgende Preisgruppen unterteilt:

● Preisgruppe bis DM 10,–/S 79,–/SFr 10,–
●● Preisgruppe über DM 10,– bis DM 20,–
S 80,– bis S 160,–
SFr 10,– bis SFr 20,–

●●● Preisgruppe über DM 20,– bis DM 30,–
S 161,– bis S 240,–
SFr 20,– bis SFr 29,–
●●●● Preisgruppe über DM 50,–/S 401,–/SFr 48,–

●●●● Preisgruppe über DM 30,– bis DM 50,–
S 241,– bis S 400,–
SFr 29,– bis SFr 48,–
*(unverbindliche Preisempfehlung)

Die Preise entsprechen dem Status beim Druck dieses Verzeichnisses (s. Seite 1) – Änderungen, im besonderen der Preise, vorbehalten –

Falken-Verlag GmbH · Postfach 1120  **D-6272 Niedernhausen/Ts. · Tel.: 0 61 27/70 20**

1

Schmelzendes Käsevergnügen Raclette
(**0881**-3) Von F. Faist, 48 S., 33 Farbfotos, Pappband. ●

Kulinarischer Feuerzauber Flambieren
(**4294**-9) Von R. Wesseler, 120 S., 100 Farbfotos, Pappband. ●●●

Das köstliche knackige Schlemmervergnügen **Salate**
(**4165**-9) Von V. Müller, 160 S., 80 Farbfotos, Pappband. ●●●

Gartenfrisch genießen
Feine Salate
(**4450**-X) Von P. Nikolay, 160 S., 122 Farbfotos, Pappband. ●●●

Köstliche Salate
zum Verwöhnen
(**0222**-X) Von Chr. Schönherr, 96 S., 8 Farbtafeln, 30 Zeichnungen, kartoniert. ●

Frisch und leicht als Hauptgericht
Schlemmersalate
(**0934**-8) Von M. Adam, 64 S., 49 Farbfotos, Pappband. ●

Köstlich frisch auf den Tisch
Rohkostsalate
(**0865**-1) Von C. Adam, 48 S., 26 Farbfotos, Pappband. ●

Raffiniert und gesund würzen
Kräuterküche
(**0869**-4) Von A. Görgens, 48 S., 43 Farbfotos, Pappband. ●

Miekes Kräuter- und Gewürzkochbuch
(**0323**-1) Von I. Persy, K. Mieke, 88 S., 4 Farbtafeln, kartoniert. ●

Joghurt, Quark, Käse und Butter
Schmackhaftes aus Milch hausgemacht.
(**0739**-6) Von M. Bustorf-Hirsch, 32 S., 59 Farbabb., Pappband. ●

Gesund und vielseitig **Alles mit Joghurt**
täglich selbstgemacht, mit vielen Rezepten.
(**0382**-X) Von G. Volz, 64 S., 8 Farbtafeln, kartoniert. ●

Locker, flockig, leicht ...
Müsli & Co
(**0965**-8) Von C. Adam, 64 S., 42 Farbfotos, Pappband. ●

Bärenstark und kerngesund
Vollwertkost für Kinder
(**0968**-2) Von S. Reiter, 64 S., 44 Farbfotos, Pappband. ●

Gesunde Ernährung für mein Kind
(**0776**-6) Von M. Bustorf-Hirsch, 112 S., 8 Farbtafeln, 5 s/w-Zeichnungen, kart. ●

Das Getreidemühlenkochbuch
(**1017**-6) Von M. Bustorf-Hirsch, 112 S., 8 Farbtafeln, kartoniert. ●

Meine Vollkornküche
Herzhaftes von echtem Schrot und Korn
(**0858**-9) Von S. Walz, 96 S., 8 Farbtafeln, kartoniert. ●

Die verlockende Alternative
Süße Vollwertküche
(**0936**-4) Von A. Roßmeier, 64 S., 50 Farbfotos, Pappband. ●

Die gesunde Art, sich zu verwöhnen
Vollwertküche für Singles
(**0937**-2) Von A. Görgens, 64 S., 43 Farbfotos, Pappband. ●

Dinkel, Hirse, Roggenkorn ...
Kerniges aus der Getreideküche
(**0932**-1) Von H. Frank, 64 S., 49 Farbfotos, Pappband. ●

Die feine Vollwertküche
(**4286**-9) Von M. Bustorf-Hirsch, 160 S., 83 Farbfotos, Pappband. ●●●

Mit Lust und Liebe ...
Vollwertküche für Genießer
(**4412**-4) Von Prof. Dr. C. Leitzmann, H. Million, 256 S., 329 Farbfotos, Pappband.
●●●●

Die feine Vegetarische Küche
(**4235**-3) Von F. Faist, 160 S., 191 Farbfotos, Pappband. ●●●

Schmackhafte Vollwertkost ohne tierisches Eiweiß
(**0993**-3) Von M. Bustorf-Hirsch, 96 S., 54 Farbfotos, kartoniert. ●●

Cholesterinarm kochen und genießen
(**4442**-9) Von R. Unsorg, 168 S., 132 Farbfotos, kartoniert. ●●

Die aktuelle **Cholesterintabelle**
(**1088**-5) Von Dr. H. Oberritter, 84 S., 12 zweifarbige Grafiken, kartoniert. ●

Die aktuelle Vitamin- und Mineralstofftabelle
Mit Angaben zu den wichtigsten Vitaminen und Mineralstoffen
(**1110**-5) Von Dr. H. Oberritter, 88 S., 1 zweifarbige Grafik, kart. ●

Vollwertküche für Diabetiker
Köstlich kochen und backen für die ganze Familie
(**4473**-9) Von Prof. Dr. C. Leitzmann, Prof. Dr. H. Laube, H. Million, 168 S., 172 Farbfotos, 8 Zeichnungen, Pappband. ●●

Kochen und backen für Diabetiker
Gesund und schmackhaft für die ganze Familie
(**4467**-4) Von Dr. med. M. Toeller, W. Schumacher, A. Groote, Dr. troph. A. Klischan, 176 S., 182 Farbfotos, Pappband. ●●●●

Würzig kochen ohne Salz
(**0922**-4) Von S. Roediger-Streubel, 160 S., 16 Farbtafeln, kart. ●

Die Sojaküche
Gesund und abwechslungsreich essen
(**0894**-5) Von U. Kolster, 80 S., 8 Farbtafeln, kart. ●

Gesund kochen mit Keimen und Sprossen
(**0794**-9) Von M. Bustorf-Hirsch, 96 S., 4 Farbtafeln, 13 s/w-Zeichnungen, kart. ●

Keime und Sprossen in der Naturküche
(**4299**-X) Von M. Bustorf-Hirsch, 96 S., 144 Farbfotos, Pappband. ●●

Waffeln
Hörnchen, Pfannkuchen und Crêpes
(**0522**-9) Von C. Stephan, 64 S., 8 Farbtafeln, kart. ●

Mehr Freude und Erfolg beim
Brotbacken
(**4148**-9) Von A. und G. Eckert, 160 S., 177 Farbfotos, Pappband. ●●●

Meine Vollkornbackstube
Brot · Kuchen · Aufläufe. (**0616**-0) Von R. Raffelt, 96 S., 4 Farbtafeln, 12 Zeichnungen, kartoniert. ●

Die feine Vollkornbackstube
(**4474**-7) Von M. Bustorf-Hirsch, 160 S., 128 Farbfotos, Pappband. ●●●

Mit Körnern, Zimt und Mandelkern
Vollkorngebäck
(**0816**-3) Von M. Bustorf-Hirsch, 48 S., 39 Farbfotos, Pappband. ●

Knusprig, kernig, urgesund **Vollkornbrot**
(**0938**-0) Von S. Reiter, 64 S., 46 Farbfotos, Pappband. ●

Weihnachtsbäckerei
Köstliche Plätzchen, Stollen, Honigkuchen und Festtagstorten.
(**0682**-0) Von M. Sauerborn, 32 S., 34 Farbfotos, Pappband. ●

Meine Weihnachtsbackstube
(**5163**-8) Von M. Sauerborn, 32 S., 23 Farbfotos, mit Vorlagebogen in Originalgröße, kart. ●

Süße Verführungen **Desserts**
(**0885**-6) Von M. Bacher, 64 S., 75 Farbfotos, Pappband. ●

Süße Geheimnisse eiskalt gelüftet
Eis und Sorbets
(**0870**-8) Von H. W. Liebheit, 48 S., 38 Farbfotos, Pappband. ●

Raffiniertes mit
Eis
Drinks/Desserts/Eissorten
(**1029**-X) Von F. Hoffmann, 64 S., 74 Farbfotos, Pappband. ●

Zart schmelzende Versuchungen
Schokolade
(**0819**-8) Von J. Schroer, 48 S., 53 Farbfotos, Pappband. ●

Haltbarmachen in der Öko-Küche
Gesunde Konservierungsmethoden für Obst, Gemüse, Kräuter und Pilze. (**0923**-2) Von M. Bustorf-Hirsch, 120 S., 92 Farbabb., kart.
●●

Komm, koch und back mit mir
Kunterbuntes Kochvergnügen für Kinder.
(**4285**-X) Von S. und H. Theilig, illustriert von B. v. Hayek, 112 S., 45 Farbabb., Pappband.
●●

Lirum, larum, Löffelstiel ...
Kinder kochen mit Knuddel
(**1094**-X) Von U. Bültjer, 80 S., 27 zweifarbige Zeichnungen, kart. ●

Mit Lust und Liebe **Kalte Platten & Buffets**
Anrichten und Garnieren
(**4427**-5) Von P. Grotz, 176 S., 228 Farbfotos, Pappband. ●●●●

Garnieren und Verzieren
(**4236**-1) Von R. Biller, 160 S., 329 Farbfotos, 57 Zeichnungen, Pappband. ●●●

Köstlichkeiten für Gäste und Feste
Kalte Platten
(**4200**-0) Von I. Pfliegner, 160 S., 130 Farbfotos, Pappband. ●●●

Wenn Gäste kommen ...
Kalte Küche
(**1060**-5) Von A. Ilies, 64 S., 49 Farbfotos, Pappband. ●

Raffiniert und vielseitig
Toasts und Sandwiches
(**1109**-1) Von R. und T. Donhauser, 64 S., 52 Farbfotos, Pappband. ●

Fein und raffiniert
Canapés und kleine Köstlichkeiten
(**0963**-1) Von H. Imhof, 64 S., 53 Farbfotos, Pappband. ●

Festlich kochen und backen
für Advent und Weihnachten
(**4443**-7) Von A. Guter, 96 S., 66 Farbfotos, 1 s/w-Foto, Pappband. ●●

Der perfekt gedeckte Tisch
(**1028**-1) Von H. Tapper, 80 S., 161 Farbfotos, 13 Zeichnungen, kartoniert. ●●

Der schön gedeckte Tisch
Vom einfachen Gedeck bis zur Festtafel stimmungsvoll und perfekt arrangiert.
(**4246**-1) Von H. Tapper, 112 S., 206 Farbfotos, 21 s/w-Abbildungen, Pappband. ●●●

Servietten falten
80 Ideen für schön gedeckte Tische
(**1042**-7) Von M. Müller, O. Mikolasek, 80 S., 289 Farbfotos, 50 Zeichnungen, kartoniert.
●●

Phantasievolle Tischdekorationen selber machen
(**0984**-4) Von Y. Thalheim, H. Nadolny, 80 S., 174 Farbfotos, 21 Zeichnungen, kart. ●●

Tischkarten dekorativ gestalten
aus allerlei Material für viele Anlässe
(**0946**-1) Von H. York, 32 S., 108 Farbfotos, Pappband. ●

Servietten dekorativ falten
Geschmackvolle Anregungen aus Stoff und Papier. (**0804**-X) Von H. Tapper, 32 S., 134 Farbfotos, Pappband. ●

Tee für Genießer
Sorten · Riten · Rezepte
(**0356**-0) Von M. Nicolin, 64 S., 4 Farbtafeln, kart. ●

Weine und Säfte, Liköre und Sekt
selbstgemacht.
(**0702**-7) Von P. Arauner, 232 S., 76 Abb., kart. ●●

Fruchtig, spritzig, eisgekühlt
Mixen ohne Alkohol
(**0935**-6) Von S. Späth, 64 S., 44 Farbfotos, Pappband. ●

Mit und ohne Alkohol
Longdrinks
(**1062**-1) Von S. Edelberg, 64 S., 47 Farbfotos, Pappband. ●

Cocktails
(**4267**-1) Von W. R. Hoffmann, W. Hubert, U. Lottring, 160 S., 164 Farbfotos, 1 s/w-Foto, Pappband. ●●●

Cocktails und Mixereien
für häusliche Feste und Feiern. (**0075**-8) Von J. Walker, 96 S., 4 Farbtafeln, kart. ●

Die besten Punsche, Grogs und Bowlen
(**0575**-X) Von F. Dingden, 64 S., 4 Farbt., kart. ●

SLIM
Der neue, individuelle Schlankheitsplan.
(**4277**-9) Von Prof. Dr. E. Menden, W. Aign, 120 S., 440 Farbfotos, Pappband. ●●●

Schlank werden nach Dr. Hay **Trennkost**
Die bewährten Vollwert-Rezepte von Ursula Summ. (**4298**-1) Von U. Summ, 96 S., 54 Farbfotos, 1 Zeichnung, kart. ●●

Gesund leben nach Dr. Hay
Cholesterinarme Trennkost
Neue Vollwert-Rezepte von Ursula Summ
(**4475**-0) Von U. Summ, 96 S., 52 Farbfotos, kart. ●

Eßlust statt Diätfrust
Die Pfundskur
(**1102**-4) Von Prof. Dr. V. Pudel, 144 S., 8 s/w-Zeichnungen, 4 Vignetten, kartoniert. ●

Schlank nach Maß
mit der Diät-Computerwaage
(**1064**-8) Von K. Alisch, 104 S., 8 Farbtafeln, kart. ●

Gesundes Essen für Berufstätige
Die 4-Wochen-Vollwertkur
(**1065**-6) Von M. Weber, ca. 80 S., 8 Farbtafeln, kart. ●

Hobby und Freizeit

Falken-Handbuch
Zeichnen und Malen
(**4167**-5) Von B. Bagnall, 336 S., 1154 Farbabb., Pappband. ●●●●●

Punkt, Punkt, Komma, Strich
Zeichenstunde für Kinder
(**0564**-4) Von H. Witzig, 144 S., über 250 Zeichnungen, kart. ●

Einmal grad und einmal krumm
Zeichenstunde für Kinder
(**0599**-7) Von H. Witzig, 144 S., 363 Abb., kartoniert. ●

Figürliches Zeichnen
leicht gemacht
(**1010**-9) Von H. Witzig, 112 S., 462 Figuren, kartoniert. ●

Airbrush
Kreatives Gestalten mit dem Luftpinsel
(**1133**-4) Von C. M. Mette, 80 S., 145 Farbfotos, 40 Farbzeichnungen, kartoniert. ●●

Spielend zeichnen lernen mit den Montagsmalern
(**0974**-7) Von G. Lages, Sigi Harreis, 112 S., 326 s/w-Zeichnungen, kartoniert. ●●

Kalligraphie
Die Kunst des schönen Schreibens
(**4263**-9) Von C. Hartmann, 120 S., 44 Farbvorlagen, 29 s/w-Vorlagen, 2 s/w-Zeichnungen, 38 Farbfotos, Pappband. ●●●●

Gestalten mit Schrift
Kalligraphie
(**1044**-3) Von I. Schade, 80 S., 2 Farb- und 1 s/w Foto, 143 Farbzeichnungen, kartoniert. ●●

Aquarellmalerei leicht gelernt
Materialien · Techniken · Motive.
(**0787**-6) Von T. Hinz, R. Braun, B. Zeidler, 32 S., 38 Farbfotos, 1 Zeichn., Pappband. ●

Hobby Aquarellmalen
Landschaft und Stilleben.
(**0876**-7) Von I. Schade, A. Brück, 80 S., 111 Farbabb., kart. ●●

Hobby Ölmalerei
Landschaft und Stilleben.
(**0875**-9) Von H. Kämper, I. Becker, 80 S., 93 Farbabb., kart.
●●

Hobby Bauernmalerei
(**0436**-2) Von S. Ramos und J. Roszak, 80 S., 116 Farbfotos und 28 Motivvorlagen, kart. ●●

Seidenmalerei in Vollendung
(**4414**-3) Hrsg. von R. Smend, 160 S., 227 Farbfotos, 36 s/w-Fotos, geprägter Leineneinband mit Schutzumschlag, im Schuber, DM 98,–, S 784,–, SFr 94,10

Seidenmalerei und Modedesign
Modelle · Techniken · Schnittmuster
(**4476**-3) Von B. Hansen, 176 S., 140 Farbfotos, 93 Farb-, 68 s/w-Zeichnungen, Pappband. ●●●●

Seidenmalerei als Kunst und Hobby
(**4264**-7) Von S. Hahn, 136 S., Farbabb., 1 s/w-Foto, Pappband. ●●●●

Neue zauberhafte Seidenmalerei
Motive und Anregungen aus der Natur.
(**0924**-0) Von R. Henge, 80 S., 148 Farbfotos, 27 s/w-Zeichnungen, kart. ●●

Kunstvolle Seidenmalerei
Mit zauberhaften Ideen zum Nachgestalten
(**0783**-3) Von I. Demharter, 32 S., 56 Farbfotos, Pappband. ●

Aquarellieren auf Seide
Materialien · Techniken · Motive
(**0917**-8) Von I. Demharter, 32 S., 41 Farbfotos, Pappband. ●

Seidenmalerei Landschaften
(**5153**-0) Von D. Kosik, 32 S., 50 Farbfotos, 12 Zeichnungen, mit Vorlagebogen in Originalgröße, kart. ●

Seidenmalerei Kissen
(**5151**-4) Von I. Demharter, 32 S., 42 Farbfotos, 2 Zeichnungen, mit Vorlagebogen in Originalgröße, kart. ●

Seidenmalerei Blusen und T-Shirts
(**5184**-0) Von A. Keller, 32 S., 28 Farbfotos, 12 Zeichnungen, mit Vorlagebogen in Originalgröße, kartoniert. ●

Seidenmalerei Tücher und Schals
(**5152**-2) Von R. Henge, 32 S., 36 Farbfotos, 1 Zeichnung, mit Vorlagebogen in Originalgröße, kart. ●

Seidenmalerei Taschen und Gürtel
(**5194**-8) Von S. Tichy-Gibley, 32 S., 30 Farbfotos, 8 Farbzeichnungen, mit Vorlagebogen in Originalgröße, kartoniert. ●

Seidenmalerei Tiermotive
(**5204**-0) Von A. Keller, 32 S., 37 Farbfotos, mit Vorlagebogen, kart. ●

Serti Designo
Seidenmalerei mit Kreidestiften
(**5208**-1) Von S. Tichy-Gibley, 32 S., 46 Farbfotos, mit Vorlagebogen in Originalgröße, kart. ●

Seidenmalerei Lampenschirme
(**5154**-9) Von I. Walter-Ammon, 32 S., 47 Farbfotos, 1 Zeichnung, mit Vorlagebogen in Originalgröße, kart. ●

Seidenmalerei Blüten, Blätter, Ranken
(**5165**-4) Von D. Kosik, 32 S., 35 Farbfotos, 4 Zeichnungen, mit Vorlagebogen in Originalgröße, kart. ●

Seidenmalerei Schmuckkarten und Miniaturbilder
(**5166**-2) Von I. Walter-Ammon, 32 S., 37 Farbfotos, 2 Zeichnungen, mit Vorlagebogen in Originalgröße, kart. ●

Seidenmalerei Bilder in Konturentechnik
(**5182**-4) Von I. Demharter, 32 S., 28 Farbfotos, 2 Zeichnungen, mit Vorlagebogen in Originalgröße, kartoniert. ●

Seidenmalerei Applikationen
(**5224**-3) Von J. Bressau, 32 S., 50 Farbfotos, mit Vorlagebogen in Originalgröße, kartoniert. ●

Falken-Handbuch
Häkeln
ABC der Häkeltechniken und Häkelmuster in ausführlichen Schritt-für-Schritt-Bildfolgen (**4194**-0) Von H. Fuchs, M. Natter, 288 S., 597 Farbfotos, 476 Farbzeichnungen, Pappband. ●●●●

Das moderne Standardwerk von der Expertin
Perfekt Stricken
Mit Sonderteil Häkeln.
(**4250**-7) Von H. Jaacks, 256 S., 703 Farbfotos, 169 Farb- und 121 s/w-Zeichnungen, Pappband. ●●●

Hobby Patchwork und Quilten
(**0768**-9) Von B. Staub-Wachsmuth, 80 S., 108 Farbabb., 43 Zeichnungen, kart. ●●

Hobby Spitzencollagen
Bezaubernde Motive aus edlem Material
(**0847**-3) Von H. Westphal, 80 S., 186 Farbfotos, kart. ●●

Marionetten
selbst bauen und führen
(**1043**-5) Von D. Köhnen, 80 S., 150 Farbfotos, mit Schnittmusterbogen, kartoniert.
●●

Charakterpuppen
aus Fimo und Porzellan selbst gestalten
(**1156**-3) Von S. Becker, 64 S., 143 Farbfotos, 30 Zeichnungen, 13 Vignetten, mit Schnittmusterbogen, kartoniert. ●●

Puppen zum Liebhaben
(**5199**-9) Von B. Wehrle, 32 S., 27 Farbfotos, 9 s/w-Zeichnungen, mit Vorlagebogen in Originalgröße, kartoniert. ●

Teddybären
Sechs beliebte Modelle
(**5159**-X) Von Y. Thalheim, H. Nadolny, 32 S., 46 Farbfotos, 9 Zeichnungen, mit Vorlagebogen in Originalgröße, kart. ●

Heißgeliebte Teddybären
Selbermachen · Sammeln · Restaurieren.
(**0900**-3) Von H. Nadolny, Y. Thalheim, 80 S., 119 Farbfotos, 23 s/w-Zeichnungen, 14 S. Schnittmusterbogen, kart. ●●

Neue zauberhafte Salzteig-Ideen
(**0719**-1) Von I. Kiskalt, 80 S., 324 Farbfotos, 12 Zeichnungen, Schablonen, kart. ●●

Salzteig kinderleicht
(**0973**-9) Von I. Kiskalt, 80 S., 224 Farbfotos, 8 Zeichnungen, kart. ●●

Kreatives Gestalten mit Ton
Töpfern ohne Scheibe – Aufbaukeramik
(**0896**-1) Von A. Riedinger, 80 S., 207 Farbfotos, 16 Zeichnungen, 7 Vignetten, kart. ●●

Kreatives Gestalten mit Ton
Töpfern auf der Scheibe
(**0971**-2) Von A. Riedinger, 80 S., 28 Farb-
und 3 s/w-Zeichnungen, 178 Farbfotos,
kartoniert. ●●

Edles Porzellan
(**4437**-2) Von M. Lutze, Prof. E. Lessing,
160 S., 175 Farbfotos, Leineneinband, mit
Schutzumschlag, im Schuber ●●●●●

Hobby Glaskunst in Tiffany-Technik
(**0781**-7) Von N. Köppel, 80 S., 194 Farbfotos, 6 s/w-Abb., kart. ●●

Tiffany-Lampen selbermachen
Arbeitsanleitung · Materialien · Modelle
(**0684**-5) Von I. Spliethoff, 32 S., 60 Farbfotos, 19 Zeichnungen, Pappband. ●

Fensterbilder in Tiffany-Technik
(**5168**-9) Von P. Matz, 32 S., 48 Farbfotos,
mit Vorlagebogen in Originalgröße, kart. ●

Tiffany-Technik
und andere kunstvolle Arbeiten in Glas
(**0972**-0) Von D. Köhnen, 80 S., 176 Farbfotos, 5 s/w-Zeichnungen, kart. ●●

Tiffany-Gürtelschnallen
(**5160**-3) Von G. G. Scheib, R. Grella, 32 S.,
52 Farbfotos, 1 Zeichnung, mit Vorlagebogen
in Originalgröße, kart. ●

Modeschmuck mit Federn und Straß
(**5167**-0) Von J. Niemeier, 32 S., 41 Farbfotos, mit Vorlagebogen in Originalgröße,
kart. ●

Modeschmuck selbst modellieren
(**5196**-4) Von K. Eichler, 32 S., 51 Farbfotos,
mit Vorlagebogen in Originalgröße, kartoniert. ●

Modeschmuck in vielen Variationen
(**5180**-8) Von A. Hahn, 32 S., 39 Farbfotos,
3 Zeichnungen, mit Vorlagebogen in Originalgröße, kartoniert. ●

Effekt-Color
Phantasievolle Schmuck- und Deko-Ideen
(**5207**-3) Von A. Hahn, 32 S., 55 Farbfotos,
mit Vorlagebogen in Originalgröße, kart. ●

Rocailles
Perlenschmuck
(**5209**-X) Von L. und E. Weiler, 32 S., 45
Farbfotos, 2 Zeichnungen, mit Vorlagebogen
in Originalgröße, kart. ●

Perlenschmuck
(**5221**-9) Von H. Büderer, 32 S., 50 Farbfotos, mit Vorlagebogen in Originalgröße,
kartoniert. ●

Exklusiver Modeschmuck
aus dem eigenen Atelier
(**0925**-9) Von J. Niemeier, J. Klein, 80 S.,
141 Farbfotos, 25 Zeichnungen, kart. ●●

Masken
phantasievoll dekorieren
(**5155**-7) Von Chr. Familler, 32 S., 48 Farbfotos, mit Vorlagebogen in Originalgröße,
kart. ●

Schwingtiere aus Holz gestalten
(**5222**-7) Von der Arbeitsgem. Werken, 32 S.,
50 Farbfotos, mit Vorlagebogen in Originalgröße, kartoniert. ●

Hobby Drachen
bauen und steigen lassen. (**0767**-1) Von
W. Schimmelpfennig, 80 S., 1 dreiseitige
Ausklapptafel, 55 Farbfotos, 139 Zeichnungen, kart. ●●

Lenkdrachen
bauen und fliegen
(**1011**-7) Von W. Schimmelpfennig, 64 S.,
51 Farbfotos und 126 Zeichnungen, kartio-
niert. ●●

Drachen
Einfache Modelle für Kinder
(**5156**-5) Von W. Schimmelpfennig, 32 S.,
11 Farbfotos, 31 Zeichnungen, mit Vorlagebogen, kart. ●

Das große farbige
Bastelbuch für Kinder
(**4254**-X) Von U. Barff, I. Burkhardt, J. Maier,
224 S., 157 Farbfotos, 430 Farb- und 60 s/w-
Zeichnungen, mit Schnittmusterbogen, Pappband. ●●●

Hobby Origami
Papierfalten für groß und klein
(**0756**-6) Von Z. Aytüre-Scheele, 80 S.,
820 Farbfotos, kart. ●●

Neue zauberhafte Origami-Ideen
Papierfalten für groß und klein
(**0805**-8) Von Z. Aytüre-Scheele, 80 S.,
720 Farbfotos, kart. ●●

Zauberwelt Origami
Tierfiguren aus Papier
(**1045**-1) Von Z. Aytüre-Scheele, 80 S., 660
Farbfotos, kartoniert. ●●

Pergamano
Pergamentpapier filigran gestalten
(**5202**-2) Von J. Allmann, 32 S., 51 Farbfotos,
5 Zeichnungen, mit Vorlagebogen in Originalgröße, kart. ●

Heut basteln wir mit Pappe und Papier
(**4413**-5) Von U. Barff, J. Maier, 224 S.,
117 Farbfotos, 480 Farbzeichn., 25 s/w-Abb.,
mit Schnittmusterbogen, Pappband. ●●●

Das große farbige Bastel- und Werkbuch
(**4439**-9) Von D. Rex, 256 S., 999 Farbfotos,
33 Farbzeichnungen, Pappband. ●●●●

Mein liebstes Spiel- und Bastelbuch
Die Welt der Dinosaurier
Tiere und Landschaften zum Selbermachen
Ausbrechen, aufstellen, spielen
(**4478**-X) Von B. Burkart, 8 Blatt mit heraus-
lösbaren Motiven, 280-g-Karton mit Stanzung, 8 S. Bastelanleitung und Sachinforma-
tion. ●●

Mein liebstes Spiel- und Bastelbuch
Leben auf dem Bauernhof
Tiere und Motive zum Selbermachen
Ausbrechen, aufstellen, spielen
(**4479**-8) Von K. Lausche, 8 Blatt mit heraus-
lösbaren Motiven, 280-g-Karton mit Stanzung, 8 S. Bastelanleitung und Sachinforma-
tion. ●●

Schritt für Schritt zum Scherenschnitt
Materialien · Techniken · Gestaltungsvor-
schläge. (**0732**-9) Von H. Klingmüller, 32 S.,
38 Farbfotos, 34 Vorlagen, Pappband. ●

Fensterbilder in Scherenschnitt
(**5169**-7) Von A. Hahn, 32 S., 52 Farbfotos,
3 s/w-Fotos, mit Vorlagebogen in Originalgröße, kart. ●

Fensterbilder
Meine Lieblingstiere
(**5197**-2) Von Y. Thalheim, H. Nadolny, 32 S.,
38 Farbfotos, mit Vorlagebogen in Originalgröße, kart. ●

Fensterbilder Lustige Tiere
(**5210**-3) Von F. Michalski, 32 S., 47 Farbfotos, mit Vorlagebogen in Originalgröße,
kart. ●

Die schönsten Fensterbilder
(**1066**-4) Von C. Kimmerle, 64 S., 100 Farbfotos, 7 Zeichnungen, kartoniert. ●●

Perfekte Fensterbilder
(**4470**-4) Von S. Haenitsch-Weiß, A. Weiß,
8 vierfarbige Bogen 280-g-Karton mit Stanzung + 16 S. zweifarbige Ein/Anleitung. ●

Märchenhafte Fensterbilder
(**5185**-9) Von J. Maier, 32 S., 37 Farbfotos,
mit Vorlagebogen in Originalgröße, kart. ●

Fensterbilder Blumen und Tiere
(**5186**-7) Von M. Twachtmann, 32 S.,
41 Farbfotos, 3 Zeichnungen, mit Vorlagebogen in Originalgröße, kartoniert. ●

Papierflieger
(**5157**-3) Von T. Gött, 32 S., 73 Farbfotos,
19 Zeichnungen, mit Vorlagebogen in Originalgröße, kart. ●

Laternen und Lampions
(**5206**-5) Von C. Hüfner, 32 S., 60 Farbfotos,
mit Vorlagebogen in Originalgröße, kart. ●

Mobiles aus Papier
(**5183**-2) Von J. Maier, 32 S., 17 Farbfotos,
35 Farbzeichnungen, mit Vorlagebogen in
Originalgröße, kartoniert. ●

Schachteln basteln und dekorieren
(**5170**-0) Von Chr. Adjano, 32 S., 55 Farbfotos, mit Vorlagebogen in Originalgröße,
kart. ●

Die große Schachtelparade
(**4438**-0) Von Present Team, 16 vierfarbige
Bogen 250-g-Karton mit Schachtelstanzung
mit 4 S. Einleitung. ●●●

Deco Art
Die Kunst, Geschenke zu verpacken
(**0949**-6) Von B. Niermann, 80 S., 78 Farbfotos, 191 Zeichnungen, kart. ●●

Geschenke wunderschön verpacken
(**1113**-X) Von P. Jansen, 80 S., 79 Farbfotos,
166 Farbzeichnungen, kart. ●●

**Geldgeschenke · Gutscheine ·
Geschenkanhänger**
originell gestalten und verpacken
(**1115**-6) Von S. Haenitsch-Weiß, A. Weiß,
80 S., 176 Farbfotos, kart. ●●

Geschenke verpacken für Kinderfeste
(**5195**-6) Von C. Netolitzky, 32 S., 43 Farbfotos, mit Vorlagebogen in Originalgröße,
kartoniert. ●

**Bunte Dekorationen für den
Kindergeburtstag**
Mit Spielanleitung zum Fest der Tiere
(**4471**-2) Von S. Haenitsch-Weiß, A. Weiß, 8
vierfarbige Bogen 280-g-Karton mit Stanzung + 16 S. zweifarbige Ein/Anleitung. ●●

Originelles Ambiente für Gäste
Festdekorationen
(**1049**-4) Von B. Niermann, 80 S., 125 Farbfotos, 59 Farbzeichn., kartoniert. ●●

Dekorative Schleifen
aus Bändern und Papier
(**5205**-7) Von M. Schorege, 32 S., 28 Farbfotos, 31 Farbzeichn., mit Vorlagebogen in Originalgröße, kart. ●●

Dekorieren und Arrangieren mit
Seidenblumen
(**5200**-6) Von M. L. Spang, 32 S., 37 Farbfotos, 14 Farbzeichnungen, mit Vorlagebogen in Originalgröße, kartoniert. ●

Glückwunschkarten
(**5179**-4) Von A. Kolb, B. Michel, 32 S.,
54 Farbfotos, mit Vorlagebogen in Originalgröße, kartoniert. ●

Schmuck- und Glückwunschkarten
Papierarchitektur · Collagen · Faltschnittkarten
(**1114**-7) Von C. Sanladerer, 64 S., 55 Farbfotos, 31 Zeichnungen, kart. ●●

Altes Brauchtum neu entdeckt
Schmuck-Eier
Kunstvoll gestalten und verzieren
(**0919**-4) Von I. Kiskalt, 32 S., 45 Farbfotos,
3 s/w-Zeichnungen, Pappband. ●

Ostereier originell dekorieren
(**5219**-7) Von W. Velte, 32 S., 44 Farbfotos,
mit Vorlagebogen in Originalgröße, kartoniert. ●

Dekorationen für Ostern
(**5198**-0) Von Y. Thalheim, H. Nadolny, 32 S.,
48 Farbfotos, mit Vorlagebogen in Originalgröße, kartoniert. ●

Basteln für Ostern
(**5164**-6) Von Chr. Adjano, 32 S., 47 Farbfotos, mit Vorlagebogen in Originalgröße,
kartoniert. ●

Tischdekorationen für Ostern
(**5220**-0) Von Chr. Adjano, 32 S., 49 Farbfotos, mit Vorlagebogen in Originalgröße,
kartoniert. ●

Weihnachtsgeschenke schön verpacken
Schachteln · Dekorationen · Geschenkpapiere
(4469-0) Von Present Team, 10 vierfarbige
Bogen 250-g-Karton mit Stanzung, 4 Bogen
Geschenkpapier + 4 S. Einleitung. ●●●

Basteln und dekorieren für
Advent und Weihnachten
(4446-1) Von G. Teusen, C. Netolitzky, 176 S.,
285 Farbfotos, mit Bastelvorlagebogen,
Pappband. ●●●

Basteln für Weihnachten
(5162-X) Von Chr. Adjano, 32 S., 44 Farbfotos, mit Vorlagebogen in Originalgröße,
kartoniert. ●

**Fensterdekorationen für die
Weihnachtszeit**
(5181-6) Von Y. Thalheim, H. Nadolny, 32 S.,
33 Farbfotos, mit Vorlagebogen in Originalgröße, kartoniert. ●

**Fensterbilder für Advent und
Weihnachten**
(5211-1) Von M. Schorege, 32 S., 24 Farbfotos, 15 Zeichnungen, mit Vorlagebogen in
Originalgröße, kartoniert. ●

**Adventskränze und weihnachtliche
Gestecke**
(5203-0) Von Y. Thalheim, H. Nadolny, 32 S.,
43 Farbfotos, mit Vorlagebogen in Originalgröße, kartoniert. ●

Adventskalender
(5178-6) Von Y. Thalheim, H. Nadolny, 32 S.,
35 Farbfotos, mit Vorlagebogen in Originalgröße, kartoniert. ●

Weihnachtsbasteleien
Advents- und Weihnachtsschmuck für groß
und klein
(0667-5) Von M. Kühnle und S. Beck, 32 S.,
56 Farbfotos, 6 Zeichnungen, Pappband. ●

Trockenblumenideen
Gewürzsträuße, Gestecke, Kränze, Buketts
(0643-8) Von R. Strobel-Schulze, 88 S.,
170 Farbfotos. ●●

Neue zauberhafte Trockenblumen-Ideen
(0821-X) Von R. Strobel-Schulze, 80 S.,
163 Farbfotos, kart. ●●

Phantasievolles Schminken
Verzauberte Gesichter für Maskeraden,
Laienspiele und Kinderfeste
(0907-0) Hrsg.: H. u. Y. Nadolny, 64 S., 227
Farbfotos, kartoniert. ●●

Schminken für Kinder
(5177-8) Von Y. Thalheim, H. Nadolny, 32 S.,
68 Farbfotos, mit Vorlagebogen in Originalgröße, kartoniert. ●

Moderne Fotopraxis
(4401-4) Von G. Koshofer, Prof. H. Wedewardt, 224 S., 363 Farbfotos, 106 s/w-Fotos,
5 Farb- und 24 s/w-Zeichnungen, Pappband.
●●●

Mach dir ein Bild
Praxistips für Foto, Film und Video
(4410-0) Von G. Staab, 208 S., 202 Farbfotos, 175 s/w-Fotos, 1 Zeichnung, Pappband.
●●●

So macht man bessere Fotos
(1158-X) Von G. Koshofer, 144 S., 259 Farbfotos, 25 s/w-Fotos, kartoniert. ●●

Aktfotografie
Interpretation zu einem unerschöpflichen
Thema. Gestaltung · Technik · Spezialeffekte.
(0737-X) Von H. Wedewardt, 88 S., 144
Farb- und 6 s/w-Fotos, 6 Zeichnungen, kart.
●●

Videografieren
Filmen mit Video 8. Technik – Bildgestaltung
– Schnitt – Vertonung.
(0843-0) Von M. Wild, K. Möller, 120 S., 101
Farbfotos, 22 s/w-Fotos, 52 Zeichnungen,
kart. ●●●

Videografieren perfekt
Profitricks für Aufnahmetechnik und
Nachbearbeitung
(0969-0) Von W. Schild, 120 S., 144 Farbabb., 5 s/w-Zeichnungen, kart. ●●●

Do it yourself und Technik

Do it yourself
Kleinmöbel aus Holz
(0905-4) Von O. Maier, 128 S., 210 Farbfotos, 80 Zeichnungen, kart. ●●

Do it yourself
Sanitärinstallationen
(1118-0) Von W. Kawlath, 96 S., 214 Farbabbildungen, kartoniert. ●●

Do it yourself
Metall bearbeiten
(1119-9) Von O. Maier, 96 S., 230 Farbfotos,
6 s/w-Zeichnungen, kartoniert. ●●

Do it yourself
Elektroarbeiten
(0975-5) Von K. H. Schubert, 120 S., 193
Farbfotos, 40 Zeichnungen, kartoniert. ●●

Do it yourself
Fahrrad-Reparaturen
(0796-5) Von R. van der Plas, 112 S., 140
Farbfotos, 113 farbige Zeichnungen, kartoniert. ●●

Möbel
aufarbeiten, reparieren, pflegen
(0386-2) Von E. Schnaus-Lorey, 96 S.,
28 Fotos, 101 Zeichnungen, kartoniert. ●

Restaurieren von Möbeln
Stilkunde, Materialien, Techniken, Arbeits-
anleitungen in Bildfolgen.
(4120-1) Von E. Schnaus-Lorey, 152 S., 37
Farbfotos, 75 s/w-Fotos, 352 Zeichnungen,
Pappband. ●●●●

FALKEN-Heimwerker-Praxis
Mofa- und Moped-Reparaturen
(1008-7) Von T. Kohlmey, 128 S., 280 Farb-
abbildg. und Zeichnungen, kartoniert. ●●

Elektronik als Hobby
Von der Grundlagenschaltung zum integrier-
ten Schaltkreis
Mit 8 wichtigen Universalplatinen
(4293-0) Von W. Priesterath, 264 S., 80 s/w-
Fotos, 128 Zeichnungen, Pappband. ●●●

Anlagenbau in Modultechnik
für Modelleisenbahnen und Dioramen.
(0845-7) Von J. Thal, 104 S., 68 Farbfotos,
28 Zeichnungen, kartoniert. ●●●

Kleine Welt auf Rädern
Das faszinierende Spiel mit Modelleisen-
bahnen **(4175**-6) Von F. Eisen, 256 S., 72
Farb- und 180 s/w-Fotos, 25 Zeichnungen,
Pappband. ●●●

Die Super-Sportwagen der Welt
(4423-2) Von H. G. Isenberg, 194 S.,
184 Farbfotos, 4 farbige Ausklapptafeln,
32 s/w-Fotos, Pappband. ●●●●

Die Super-Oldtimer der Welt
(4465-8) Von H. G. Isenberg, 194 S.,
161 Farb- und 36 s/w-Fotos, 4 Ausklapptafeln, Pappband. ●●●●

Die Super-Trucks der Welt
(4257-4) Von H. G. Isenberg, 194 S.,
205 Farbfotos, 80 s/w-Fotos, 7 Farbzeichnungen, 4 farb. Ausklapptafeln, Pappband.
●●●●

Die Super-Motorräder der Welt
(4193-4) Von H. G. Isenberg, 192 S., 170
Farb- und 100 s/w-Fotos, 8 Zeichnungen,
Pappband. ●●●●

Die Super-Eisenbahnen der Welt
(4287-6) Von W. Kosak, H. G. Isenberg, 224
S., 269 Farbfotos, 79 s/w-Fotos, 8 Vignetten,
5 farb. Ausklapptafeln, Pappband. ●●●●

Die Super-Dampfloks der Welt
(4480-1) Von H. Faust, H. G. Isenberg, 194 S.,
193 Farbfotos, mit vier Ausklapptafeln,
Pappband. ●●●●

Plastikmodellbau
Autos, Schiffe, Flugzeuge in vollendeter
Technik.
(1116-4) Von W. Kawlath, 96 S., 272 Farbabbildungen, kartoniert. ●●

Sport und Fitneß

Neue Lehrmethoden der Judo-Praxis
(0424-9) Von P. Herrmann, 223 S., 475 Abb.,
kartoniert. ●●

Fit mit Judo
(2319-7) Von K. Fuchs, 112 S., 193 Farbfotos,
kartoniert. ●●

Fußwürfe
für Judo, Karate und Selbstverteidigung.
(0439-7) Von H. Nishioka, übers. von H. J.
Heese, 96 S., 260 Abb., kart. ●●

Modernes Karate
Das große Standardwerk mit 2279 Abbildungen.
(4280-9) Von T. Okazaki, Dr. med. M. V.
Stricevic, übers. von M. Pabst, 376 S., 2279
s/w-Abb., Pappband. ●●●●●

Nakayamas Karate perfekt 1
Einführung.
(0487-7) Von M. Nakayama, 136 S., 605
s/w-Fotos, kart. ●●

Nakayamas Karate perfekt 2
Grundtechniken.
(0512-1) Von M. Nakayama, 136 S., 354
s/w-Fotos, 53 Zeichnungen, kart. ●●

Nakayamas Karate perfekt 3
Kumite 1: Kampfübungen.
(0538-5) Von M. Nakayama, 128 S., 424
s/w-Fotos, kart. ●●

Nakayamas Karate perfekt 4
Kumite 2: Kampfübungen.
(0547-4) Von M. Nakayama, 128 S., 394
s/w-Fotos, kart. ●●

Nakayamas Karate perfekt 5
Kata 1: Heian, Tekki.
(0571-7) Von M. Nakayama, 144 S., 1229
s/w-Fotos, kart. ●●

Nakayamas Karate perfekt 6
Kata 2: Bassai-Dai, Kanku-Dai.
(0600-4) Von M. Nakayama, 144 S., 1300
s/w-Fotos, 107 Zeichnungen, kart. ●●

Nakayamas Karate perfekt 7
Kata 3: Jitte, Hangetsu, Empi.
(0618-7) Von M. Nakayama, 144 S., 1988
s/w-Fotos, 105 Zeichnungen, kart. ●●

Nakayamas Karate perfekt 8
Gankaku, Jion. **(0650**-0) Von M. Nakayama,
144 S., 1174 s/w-Fotos, 99 Zeichnungen,
kart. ●●

Fit mit Karate
(2308-1) Von A. Pflüger, 96 S., 134 Farbfotos, 4 s/w-Zeichnungen, kart. ●●

25 Shotokan-Katas
Auf einen Blick: Karate-Katas für Prüfungen
und Wettkämpfe.
(0859-7) Von A. Pflüger, 88 S., 185 s/w-Abb.,
24 ganzseitige Tafeln mit über 1.600 Einzel-
schritten, kart. ●●

Bo-Karate
Habo-Jitsu – die Techniken des Stock-
kampfes.
(0447-8) Von G. Stiebler, 176 S., 424 s/w-
Fotos, 38 Zeichnungen, kart. ●●

Karate 1
Einführung · Grundtechniken.
(**0227**-0) Von A. Pflüger, 144 S., 195 s/w-Fotos, 120 Zeichnungen, kart. ●

Karate 2
Kombinationstechniken · Katas.
(**0239**-4) Von A. Pflüger, 176 S., 452 s/w-Fotos und Zeichnungen, kart. ●

Karate Kata 1
Heian 1–5, Tekki 1, Bassai Dai.
(**0683**-7) Von W.-D. Wichmann, 164 S., 703 s/w-Fotos, kart. ●●

Karate Kata 2
Jion, Empi, Kanku-Dai, Hangetsu.
(**0723**-7) Von W.-D. Wichmann, 140 S., 661 s/w-Fotos, 4 Zeichnungen, kart. ●●

Karate Kata 3
Bassai Sho, Kanku Sho, Nijushiho, Sochin
(**1120**-2) Von W.-D. Wichmann, 144 S., 598 s/w-Fotos, 4 Grafiken, kart. ●●

Der König des Kung Fu
Bruce Lee
Sein Leben und Kampf
Von seiner Frau Linda
(**0392**-9) Von Linda Lee, 136 S., 104 s/w-Fotos, kartoniert. ●●

Bruce Lees Kampfstil 1
Grundtechniken.
(**0473**-7) Von B. Lee, M. Uyehara, 109 S., 220 Abb., kart. ●

Bruce Lees Kampfstil 2
Selbstverteidigungs-Techniken.
(**0486**-9) Von B. Lee, M. Uyehara, 128 S., 310 Abb., kart. ●

Bruce Lees Kampfstil 3
Trainingslehre.
(**0503**-2) Von B. Lee, M. Uyehara, 112 S., 246 Abb., kart. ●

Bruce Lees Kampfstil 4
Kampftechniken.
(**0523**-7) Von B. Lee, M. Uyehara, 104 S., 211 Abb., kart. ●

Kung-Fu 1
Legende · Philosophie · Grundtechniken.
(**0891**-0) Von Chr. Yim, 152 S., 401 s/w-Fotos, 2 s/w-Zeichnungen, kart. ●●

Kung-Fu und Tai-Chi
Grundlagen und Bewegungsabläufe
(**0367**-6) Von B. Tegner, 182 S., 370 s/w-Fotos, kart. ●●

Kung Fu
Theorie und Praxis klassischer und moderner Stile
(**0376**-5) Von M. Pabst, 160 S., 330 Abbildungen, kartoniert. ●●

Bruce Lees Jeet Kune Do
(**0440**-0) Von B. Lee, 192 S., mit 105 eigenhändigen Zeichnungen von B. Lee, kart. ●●

Shaolin-Kempo - Kung Fu Do
Chinesisches Karate im Drachenstil.
(**0395**-1) Von R. Czerni, K. Konrad, 246 S., 723 Abb., kart. ●

Kickboxen
Fitneßtraining und Wettkampfsport.
(**0795**-7) Von G. Lemmens, 96 S., 208 s/w-Fotos, 23 Zeichnungen, kart. ●●

Ninja 1
Die Lehre der Schattenkämpfer.
(**0758**-2) Von S. K. Hayes, übers. von J. Schmit, 144 S., 137 s/w-Fotos, kart. ●●

Ninja 2
Die Wege zum Shoshin
(**0763**-9) Von S. K. Hayes, übers. von J. Schmit, 160 S., 309 s/w-Fotos, 2 Zeichnungen, kart. ●●

Ninja 3
Der Pfad des Togakure-Kämpfers.
(**0764**-7) Von S. K. Hayes, übers. von J. Schmit, 144 S., 197 s/w-Fotos, 2 Zeichnungen, kart. ●●

Ninja 4
Das Vermächtnis der Schattenkämpfer.
(**0807**-4) Von S. K. Hayes, übers. von J. Schmit, 196 S., 466 s/w-Fotos, kart. ●●

Taekwondo perfekt 1
Die Formenschule bis zum Blaugurt.
(**0890**-2) Von K. Gil, Kim Chul-Hwan, 176 S., 439 s/w-Fotos, 107 Zeichnungen, kart. ●●

Taekwondo perfekt 2
Die Formenschule vom Blau- bis zum Schwarzgurt
(**0976**-3) Von K. Gil, K. Chul-Hwan, 192 S., 461 s/w-Fotos, 112 Zeichnungen, kart. ●●

Taekwondo perfekt 3
(**1068**-0) Von K. Gil, K. Chul-Hwan, 200 S., 429 s/w-Fotos, kartoniert. ●●

Taekwondo
Koreanischer Kampfsport
(**0347**-1) Von K. Gil, 152 S., 408 Abbildungen, kartoniert. ●●

Ju-Jutsu als Wettkampf
(**0826**-0) Von G. Kulot, 168 S., 418 s/w-Fotos, 2 Zeichnungen, kart. ●●

Ju-Jutsu 1
Grundtechniken · Moderne Selbstverteidigung.
(**0276**-9) Von W. Heim, F. J. Gresch, 164 S., 450 s/w-Fotos, 8 Zeichn., kart. ●

Ju-Jutsu 2
für Fortgeschrittene und Meister.
(**0378**-1) Von W. Heim, F. J. Gresch, 160 S., 798 s/w-Fotos, kart. ●●

Ju-Jutsu 3
Spezial-, Gegen- und Weiterführungs-Techniken · Stockkampfkunst.
(**0485**-0) Von W. Heim, F. J. Gresch, 200 S., über 600 s/w-Fotos, kart. ●●

Aikido
Lehren und Techniken des harmonischen Weges.
(**0537**-7) Von R. Brand, 280 S., 697 Abb., kart. ●●

Hap Ki Do
Koreanische Selbstverteidigung nach dem Lehrsystem des Großmeisters.
(**0379**-X) Von Kim Sou Bong, 112 S., 152 Abb., kart. ●

Dynamische Tritte
Grundlagen für den Zweikampf. (**0438**-9) Von C. Lee, 96 S., 398 s/w-Fotos, 10 Zeichnungen, kart. ●●

Selbstverteidigung
Abwehrtechniken für Sie und Ihn.
(**0853**-8) Von E. Deser, 96 S., 259 s/w-Fotos, kart. ●

Die Faszination athletischer Körper
Bodybuilding
mit Weltmeister Ralf Möller.
(**4281**-7) Von R. Möller, 128 S., 169 Farbfotos, 14 s/w-Fotos, 1 Farbzeichnung, Pappband. ●●●●

Ladyfitneß
Das neue Körperbewußtsein der Frau
Bodyshaping · Körperpflege · Ernährung · Entspannung
(**4433**-X) Von Prof. Dr. S. Starischka, B. Grabis, D. von Cramm, G.W. Kienitz, 128 S., 227 Farbfotos, Pappband. ●●●

Bodybuilding für Frauen
Wege zu Ihrer Idealfigur
(**0661**-6) Von H. Schulz, 112 S., 84 s/w-Fotos, 4 Zeichnungen, kart. ●

Fit mit Bodybuilding
(**2314**-6) Von L. Spitz, 112 S., 203 Farbabbildungen, 10 Tabellen, kart. ●●

Bodybuilding
Anleitung zum Muskel- und Konditionstraining für sie und ihn
(**0604**-7) Von R. Smolana, 160 S., 171 s/w-Fotos, kartoniert. ●●

Leistungsfähiger durch Krafttraining
Eine Anleitung für Fitness-Sportler, Trainer und Athleten.
(**0617**-9) Von W. Kieser, 96 S., 20 s/w-Fotos, 62 Zeichnungen, kart. ●

Hanteltraining zu Hause
(**0800**-7) Von W. Kieser, 80 S., 71 s/w-Fotos, 4 Zeichnungen, kartoniert. ●

Fit und gesund
FitneßTraining und Bodybuilding zu Hause.
Trainingsprogramme für Ihr Wohlbefinden.
(**0782**-5) Von Prof. Dr. S. Starischka, 80 S., 100 Farbfotos, 3 Zeichnungen, kart. ●●

Optimale Ernährung
für Krafttraining und Bodybuilding.
(**0912**-7) Von B. Dahmen, 88 S., 8 Farbtafeln, 8 Zeichnungen, kart. ●

Fit mit Bio-Training
für Kraft, Ausdauer und Schnelligkeit.
(**2310**-3) Von L. Spitz, 112 S., 197 Farbfotos, 11 Farb- und 4 s/w-Zeichnungen, kart. ●●

Gesund und fit durch **Konditionstraining und Wirbelsäulengymnastik**
(**0844**-9) Von R. Milser und K. Grafe, 104 S., 99 Farbfotos, 12 Farbzeichnungen, 5 s/w-Zeichnungen, kart. ●●

Fit mit Tai Chi
als sanfte Körpererfahrung
(**2305**-7) Von B. u. K. Moegling, 112 S., 121 Farbfotos, 6 Farb-u. 4 s/w-Zeichnungen, kart. ●●

Isometrisches Training
Übungen für Muskelkraft und Entspannung.
(**0529**-6) Von L. M. Kirsch, 104 S., 150 s/w-Fotos, kart. ●●

Stretching
Mit Dehnungsgymnastik zu Entspannung, Geschmeidigkeit und Wohlbefinden.
(**0717**-5) Von H. Schulz, 80 S., 90 s/w-Fotos, kart. ●

Fit mit Stretching
(**2304**-9) Von B. Kurz, 96 S., 255 Farbfotos, kart. ●●

Gesund und fit durch Gymnastik
(**0366**-8) Von H. Pilss-Samek, 88 S., 130 Abb., kart. ●

Fit und frisch
Gymnastik für die ganze Familie
(**6501**-9) Von G. Sieber, 104 S., 306 Farbfotos, 5 Farbzeichnungen, kart., mit Audiokassette, Laufzeit 30 Min. ●●●

Fit mit Laufen
(**2315**-4) Von W. Sonntag, 96 S., 60 Farbfotos, 8 Farbzeichnungen, kart. ●●

Spaß am Laufen
Jogging für die Gesundheit
(**0470**-2) Von W. Sonntag, 140 S., 41 s/w-Fotos, 1 Zeichnung, kartoniert. ●

ZDF Sportjahrbuch 90
Rekorde · Siege · Schicksale · Ergebnisse
Die Höhepunkte der Fußball-WM
(**4481**-X) Hrsg. von Bernd Heller, 208 S., 245 Farbfotos und Tabellen, kart. ●●●

Skateboard
Material · Technik · Fahrpraxis
(**1104**-0) Von F. Böhm, M. Rieger, 96 S., 321 Farbabbildungen, kartoniert. ●●●

Fit mit Sportschießen
(**2312**-X) Von H. Gabelmann, 96 S., 44 Farbabbildungen, 3 s/w-Fotos, 19 s/w-Zeichnungen, kart. ●●

Fechten
Florett · Degen · Säbel.
(**0449**-4) Von E. Beck, 88 S., 185 Fotos, 10 Zeichnungen, kart. ●●

Fit mit Sportabzeichen
(**2307**-3) Von G. Hennige, 104 S., 107 Farbfotos, kart. ●●

6

Volleyball
Technik · Taktik · Regeln.
(0351-X) Von H. Huhle. 104 S., 330 Abb.,
kart. ●

Fit mit Volleyball
(2302-2) Von Dr. A. Scherer, 104 S., 27 Farb-
und 1 s/w-Foto, 12 Farb- und 29 s/w-Zeich-
nungen, kart. ●●

Fit mit Fußball
(2309-X) Von H. Obermann, P. Walz, 112 S.,
47 Farbfotos, 18 Farb- und 25 s/w-Zeich-
nungen, kart. ●●

Sepp Maier
Super-Torwart-Training
(4451-8) Von S. Maier, 168 S., 30 Farb- und
34 s/w-Fotos, 236 zweifarbige Zeichnungen,
Pappband. ●●●

Fußball-Jahrbuch 90
Mit großem Sonderteil Fußball-WM
(4489-5) Hrsg. von H. Faßbender, 208 S.,
310 Farbfotos und Tabellen, kart. ●●●

SportRegeln Fußball
Die offizielle Regeln
Wissenswertes von A bis Z
(1096-6) 104 S., 36 s/w-Fotos, 27 Zeichnungen, kart. ●

Handball
Technik · Taktik · Regeln.
(0426-5) Von F. und P. Hattig, 128 S., 91 s/w-
Fotos, 121 Zeichnungen, kart. ●●

Handball
Grundlagen für Training und Spiel
(2321-9) Von H.-P. Oppermann, 120 S.,
39 Farbtafeln, 12 s/w-Tafeln, 108 Farbzeichnungen, kartoniert. ●●

SportRegeln Handball
Die offiziellen Regeln
Wissenswertes von A bis Z
(1099-6) 88 S., 32 s/w-Fotos, 14 Zeichnungen, kart. ●

Tennis
Technik · Taktik · Regeln.
(0375-7) Von W. u. S. Taferner, 112 S.,
81 Abb., kart. ●

SportRegeln Tennis
Die offiziellen Regeln
Wissenswertes von A bis Z
(1097-4) 88 S., 24 s/w-Fotos, 6 Zeichnungen, kart. ●

Tischtennis-Technik
Der individuelle Weg zu erfolgreichem Spiel.
(0775-2) Von M. Perger, 144 S., 296 Abb.,
kart. ●

Badminton
Technik · Taktik · Training.
(0699-3) Von K. Fuchs, L. Sologub, 168 S.,
51 Abb., kart. ●●

Fit mit Squash
(2311-1) Von P. Langhammer, R. Michna,
96 S., 86 Farbfotos, 13 Farbzeichn., kart. ●●

Squash
Ausrüstung · Technik · Regeln
(0539-3) Von D. von Horn, H.-D. Stünitz,
96 S., 55 s/w-Fotos, 25 Zeichnungen, kart. ●

SportRegeln Squash
Die offiziellen Regeln
Wissenswertes von A bis Z
(1100-8) 64 S., 11 s/w-Fotos, 23 Zeichnungen, kart. ●

Golf
Ausrüstung und Technik.
(0343-9) Von J. C. Jessop, übersetzt von
H. Biemer, mit einem Vorwort von H. Krings,
Präsident des Deutschen Golf-Verbandes,
96 S., 57 Abb., Anhang Golfregeln des DGV,
kart. ●●

Eishockey
Lauf- und Stocktechnik, Körperspiel, Taktik,
Ausrüstung und Regeln. **(0414**-1) Von J.
Capla, 264 S., 548 Abb., 163 Zeich-
nungen, kart. ●●

Pool-Billard
(0484-2) Herausgegeben vom Deutschen
Pool-Billard-Bund. Von M. Bach, K.-W. Kühn,
104 S., 64 Abb., kart. ●

Tanzstunde
Das Welttanzprogramm leicht gelernt
(4409-2) Von G. Hädrich, 164 S., 489 s/w-
Fotos, 63 Zeichnungen, Pappband. ●●●

Tanzen
(2303-0) Von K. Richter, H. Kleinow, 96 S.,
102 Farbfotos, kart. ●●

Wir lernen Tanzen
(0200-9) Von E. Fern, 152 S., 119 s/w-Fotos,
47 Zeichnungen, kartoniert. ●●

Dancing
Moderne Discotänze: mit Mambo und Salsa
(0977-1) Von B. und F. Weber, 96 S.,
207 s/w-Fotos, kart. ●

Dirty Dancing
Step by Step leicht gelernt
(0992-5) Von D. Glück, G. Teusen, 80 S., 140
Farbfotos, kart. ●

Anmutig und fit durch
Bauchtanz
(0911-9) Von Marta, 120 S., 229 Farbfotos,
6 s/w-Zeichnungen, kart. ●●

Sporttauchen
Theorie und Praxis des Gerätetauchens
(0647-0) Von S. Müßig, 144 S., 8 Farbtafeln,
35 s/w-Fotos, 89 Zeichnungen, kart. ●●

Fit mit Sporttauchen
(2320-0) Von Dr. F. Naglschmid, 112 S.,
71 Farbfotos, 21 Zeichnungen, kart. ●●

Angelfischerei von Aal bis Zander
Fische · Geräte · Technik.
(0324-2) Von H. Oppel, 72 S., 16 Farbtafeln,
49 s/w-Abb., kart., ●●

Angeln
Kleine Fibel für den Sportfischer.
(0198-3) Von E. Bondick, 80 S., 4 Farbtafeln,
116 Abb., kart. ●

Fit mit
Surfen
(2317-3) Von H. Mönster, K.-H. Eden, B. Bohr,
104 S., 110 Farbfotos, 23 s/w-Zeichnungen,
kartoniert. ●●

TELESKI
Skigymnastik perfekt
(1037-0) Von M. Vorderwülbecke, G. Kern,
120 S., 220 Farbfotos, 16 farbige Grafiken,
19 Farbzeichnungen, kart. ●●

Fibel für Kegelfreunde
Sport- und Freizeitkegeln · Bowling
(0191-6) Von G. Bocsai, 72 S., 62 Abb., kart.
●

Fit mit Kegeln
(2301-4) Von G. Gromann, 96 S., 51 Farbfotos, 50 Farb- und 4 s/w-Zeichnungen, kart.
●●

111 spannende Kegelspiele
(2031-7) Von H. Regulski, 80 S., 53 Zeichnungen, kart. ●

Beliebte und neue
Kegelspiele
(0271-8) Von H. Regulski, 92 S., 62 Abbildungen, kartoniert. ●

Schach

Einführung in das Schachspiel
(0104-5) Von W. Wollenschläger und K. Colditz, 112 S., 116 Diagramme, kart. ●

Schach, das königliche Spiel
Von den Grundzügen zum strategischen Spiel.
(1105-9) Von T. Schuster, 192 S., 302 Diagramme, kart. ●●

Spielend Schach lernen
(2002-3) Von T. Schuster, 96 S., kartoniert. ●

Kinder- und Jugendschach
Offizielles Lehrbuch des Deutschen Schachbundes zur Erringung der Bauern-, Turm-
und Königsdiplome.
(0561-X) Von B. J. Withuis, H. Pfleger, 144 S.,
220 Zeichnungen und Diagramme, kart. ●●

Zug um Zug
Schach für jedermann 1
Offizielles Lehrbuch des Deutschen Schachbundes zur Erringung des Bauerndiploms.
(0648-9) Von H. Pfleger, E. Kurz, 80 S., 24
s/w-Fotos, 8 Zeichn., 60 Diagramme, kart. ●

Zug um Zug
Schach für jedermann 2
Offizielles Lehrbuch des Deutschen Schachbundes zur Erringung des Turmdiploms.
(0659-4) Von H. Pfleger, E. Kurz, 128 S.,
7 s/w-Fotos, 13 Zeichnungen, 78 Diagramme, kart. ●●

Zug um Zug
Schach für jedermann 3
Offizielles Lehrbuch des Deutschen Schachbundes zur Erringung des Königdiploms.
(0728-0) Von H. Pfleger, G. Treppner, 128 S.,
4 s/w-Fotos, 84 Diagramme, 10 Zeichnungen, kart. ●●

Schach für Fortgeschrittene
Taktik und Probleme des Schachspiels
(0219-X) Von R. Teschner, 88 S., 85 Diagramme, kart. ●

Neue Schacheröffnungen
(0478-8) Von T. Schuster, 104 S., 100 Diagramme, kart. ●

Klassische Schacheröffnungen
(1086-9) Von T. Schuster, 144 S., zahlr. Diagramme, kart. ●●

Najdorf für Turnierspieler
Theorie und Praxis eines komplexen Eröff-
nungssystems. **(1121**-0) Von Dr. J. Nunn,
304 S., 202 Diagramme, kart. ●●●

Lehr-, Übungs- und Testbuch der
Schachkombinationen
(0649-7) Von K. Colditz, 184 S., 227 Diagramme, kartoniert. ●●

Erfolgreiche Schachlehre
Eröffnungs- und Mittelspielstrategie
(0991-7) Von D. Bronstein, 254 S., 201 Diagramme, Pappband. ●●

Spaß am Kombinieren
(1057-5) Von A. Pötzsch, 192 S., 365 Diagramme, Pappband. ●●

Erfolgreich angreifen
Der Königsflügel im Visier
(1058-3) Von J. Neistadt, 192 S., 183 Diagramme, Pappband. ●●

Erfolgreich angreifen
Der Damenflügel und das Zentrum im Visier
(1123-7) Von J. Neistadt, 172 S., 163 Diagramme, Pappband. ●●

Sizilianisch siegen
durch die Kunst der Verteidigung
(0990-2) Von M. Taimanow, 160 S., 124 Diagramme, Pappband. ●●

Schach dem König
333 Kurzpartien unter 30 Zügen
(1124-5) Von A. Roismann, 272 S., 222 Diagramme, Pappband. ●●

Schnelle Schachsiege
Das meisterliche Gambitspiel
(1038-9) Von S. Samarian, 28 S., 125 Diagramme, kart. ●●

Offizielles Lehrbuch des Deutschen
Schachbundes
Das systematische Schachtraining
Trainingsmethoden, Strategien und Kombi-
nationen.
(0857-0) Von Sergiu Samarian, 152 S., 159
Diagramme, 1 Zeichnung, kartoniert. ●●

Taktische Schachendspiele
(0752-3) Von J. Nunn, 208 S., 152 Diagramme, kart. ●●

Schachstrategie
Ein Intensivkurs mit Übungen und ausführlichen Lösungen.
(**0584**-5) Von A. Koblenz, dt. Bearb. von K. Colditz, 212 S., 240 Diagramme, kart. ●●

Schachtraining mit den Großmeistern
(**0670**-5) Von H. Bouwmeester, 128 S., 90 Diagramme, kart. ●●

So denkt ein Schachmeister
Strategische und taktische Analysen.
(**0915**-1) Von H. Pfleger, G. Treppner, 120 S., 75 Diagramme, kart. ●●

Schach als Kampf
Meine eigenen im Weg.
(**0729**-9) Von G. Kasparow, 144 S., 95 Diagramme, 9 s/w-Fotos, kart. ●●

Kasparows Schacheröffnungen
(**1021**-4) Von O. Borik, 136 S., 16 s/w-Fotos, kartoniert. ●●

Schach-WM 1990
Kasparow-Karpow
(**1122**-9) Von O. Borik, Dr. H. Pfleger, 136 S., zahlreiche Diagramme, kartoniert. ●●

Mensch und Gesundheit

Der moderne Ratgeber
Wir werden Eltern
Schwangerschaft · Geburt · Erziehung des Kleinkindes.
(**4269**-8) Von B. Nees-Delaval, 376 S., 335 2-farbige Abb., Pappband. ●●●●

Wenn Sie ein Kind bekommen
(**4003**-2) Von U. Klamroth, Dr. med. H. Oster, 240 S., 86 s/w-Fotos, 30 Zeichnungen, kartoniert. ●●●

Wenn der Mensch zum Vater wird
Ein heiter-besinnlicher Ratgeber
(**4259**-0) Von D. Zimmer, 160 S., 20 Zeichnungen, Pappband. ●●●

Vorbereitung auf die Geburt und
Schwangerschaftsgymnastik
Atmung, Rückbildungsgymnastik.
(**0251**-3) Von S. Buchholz, 112 S., 98 s/w-Fotos, kartoniert. ●

Die Kunst des Stillens
nach neuesten Erkenntnissen (**0701**-9) Von Prof. Dr. med. E. Schmidt, S. Brunn, 112 S., 20 Fotos und Zeichnungen, kart. ●

Das Babybuch
Pflege · Ernährung · Entwicklung
(**0531**-8) Von A. Burkert, 96 S., 76 zweifbg. Zeichnungen, 22 s/w-Zeichnungen, kart. ●●

Babyfitneß
Massage, Spiele, Gymnastik und Schwimmen für Kinder im 1. Lebensjahr
(**1034**-6) Von G. Zeiß, 112 S., 119 zweifarbige Illustrationen, kartoniert. ●●

Wenn Kinder krank werden
Medizinischer Ratgeber für Eltern
(**4240**-X) Von Dr. med. I. J. Chasnoff, B. Nees-Delaval, 232 S., 163 Zeichnungen, Pappband. ●●●

Keinen Mann um jeden Preis
Das neue Selbstverständnis der Frau in der Partnerbeziehung
(**4440**-2) Von Shere Hite, Kate Colleran, 208 S., Pappband. ●●●

Total verknallt ... und keine Ahnung?
Alles über Liebe, Sex und Zärtlichkeit
(**1024**-9) Von H. Bruckner, R. Rathgeber, 104 S., 38 Abbildungen, kartoniert. ●●

Sinnliche Liebe
Sex und Partnerschaft
(**4436**-4) Von Dr. A. Stanway, 160 S., 60 vierfarbige Illustrationen, Pappband. ●●●●

Streicheleinheiten für Körper und Seele
Partnermassage
(**4444**-5) Von Chr. Unseld-Baumanns, 136 S., 145 Farbfotos, Pappband. ●●●●

Bildatlas des menschlichen Körpers
(**4177**-2) Von G. Pogliani, V. Vannini, 112 S., 402 Farbabb., 28 s/w-Fotos, Pappband. ●●●

Nahrungsmittelallergien
So ernähren Sie sich richtig!
(**0913**-5) Von Priv.-Doz. Dr. med. Dr. med. habil. J. von Mayenburg, Prof. Dr. med. Dr. phil. S. Borelli, E. Polster, 136 S., kart. ●●

Arteriosklerose
Risikofaktoren/Vorbeugung/Therapie
Richtige Ernährung bei erhöhtem Cholesterinspiegel.
(**1020**-4) Von Prof. Dr. med. G. Assmann, Dr. troph. U. Wahrburg, 192 S., 84 farb. Abb., 4 s/w-Zeichnungen, kartoniert. ●●●

Asthma
Pseudokrupp, Bronchitis und Lungenemphysem
Krankheitsbilder · Diagnose · Therapie
(**1126**-1) Von Prof. Dr. med. W. Schmidt, S. Ertelt, 152 Seiten, 110 zweifarbige Zeichnungen, kartoniert. ●●●

Asthma
Pseudokrupp, Bronchitis und Lungenemphysem. (**0778**-7) Von Prof. Dr. med. W. Schmidt, 120 S., 56 Zeichnungen, kart. ●

Gallenleiden
Krankheitsbilder, Behandlung, Therapieverfahren, Selbstbehandlung. Richtige Lebensführung und Ernährung.
(**0673**-X) Von Dr. med. K. Steffens, 104 S., 34 Zeichnungen, kartoniert. ●

Diabetes
Krankheitsbild, Therapie, Kontrollen, Schwangerschaft, Sport, Urlaub, Alltagsprobleme. Neueste Erkenntnisse der Diabetesforschung. (**0895**-3) Von Dr. med. H. J. Krönke, 120 S., 4 Farbtafeln, 14 s/w-Fotos, 13 s/w-Zeichnungen, kartoniert. ●

Krampfadern
Ursachen, Vorbeugung, Selbstbehandlung, Therapieverfahren. (**0727**-2) Von Dr. med. K. Steffens, 112 S., 38 Abb., kartoniert. ●

Das moderne Hausbuch der Naturheilkunde
Neueste Erkenntnisse der Ganzheitsmedizin von Akupressur bis Zelltherapie.
(**4403**-8) Von G. Leibold, 448 S., 263 Farbzeichn., 15 s/w-Fotos, Pappband. ●●●●●

Naturkosmetik
Die Grundlagen gesunder und natürlicher Hautpflege.
(**1080**-X) Von N. E. Haas, 120 S., 63 Farbabb., kartoniert. ●●

Die sanfte Art des Heilens
Homöopathie
Praktische Anwendung und Arzneimittellehre
(**4418**-X) Von J. H. P. Kreuter, 216 S., 49 Zeichnungen, Pappband. ●●●

Aromatherapie
Gesundheit und Entspannung durch ätherische Öle.
(**1131**-X) Von K. Schutt, 96 S., 40 zweifarbige Abbildungen, kartoniert. ●●

Heilatmen
Ein Weg zu Lebenskraft und innerer Harmonie
(**1047**-8) Von K. Schutt, 112 S., 57 zweifarbige Abb., kartoniert. ●●●

Wetterfühligkeit
Vorbeugen und behandeln
Der Einfluß von Wetter und Klima auf Körper und Psyche.
(**0998**-4) Von Dipl.-Met. H. Trenkle, fachl. Beratung Prof. Dr. V. Faust, 120 S., 8 Farbtafeln, 31 zweifarbige Abbildungen und Tabellen, kartoniert. ●●

Bewährte Naturheilverfahren bei
Herz-Kreislauf-Erkrankungen
(**1084**-2) Von Dr. med. O. Wolff, G. Leibold, 104 S., kartoniert. ●

Krebsangst und Krebs behandeln
Mit einem Vorwort von Prof. Dr. med. Friedrich Douwes.
(**0839**-2) Von G. Leibold, 104 S., kartoniert. ●

Bewährte Naturheilverfahren bei
Krebs
(**1082**-6) Hrsg. H.-R. Heiligtag, 88 S., kartoniert. ●

Heilen mit Blütenenergien
nach Dr. Bach
(**1141**-5) Von J. Wenzel, ca. 96 S., kart. ●

Bewährte Naturheilverfahren bei
Migräne und Schlafstörungen
(**1081**-8) Von G. Leibold, Dr. med. H. Chr. Scheiner, 112 S., kartoniert. ●

Gesunder Schlaf
Schlafstörungen ohne Medikamente erfolgreich behandeln.
(**1036**-2) Von D. H. Alke, 88 S., 22 s/w-Abb., mit Audiokassette, kartoniert. ●●

Natürliche Behandlungsmethoden bei
Rückenschmerzen
Massage · Gymnastik · Entspannung
(**4447**-X) Von Prof. Dr. med. H. Hess, K. Eder, H.-J. Montag, K. Schutt, 152 S., 168 Farbabbildungen, Pappband. ●●●

Bewährte Naturheilverfahren bei
Rückenschmerzen
mit Spezialthema Alta-Major-Methode
(**1140**-7) Von G. Leibold, ca. 96 S., kart. ●

Rheuma behandeln und lindern
Mit einem Vorwort von Dr. med. Max-Otto Bruker.
(**0836**-8) Von G. Leibold, 96 S., kartoniert. ●

Besser sehen durch Augentraining
Ein Gesundheitsprogramm zur Verbesserung des Sehvermögens.
(**0914**-3) Von K. Schutt, B. Rumpler, 96 S., 32 s/w-Zeichnungen, kartoniert. ●

Allergien behandeln und lindern
Mit einem Vorwort von Prof. Dr. med. Axel Stemmann.
(**0840**-6) Von G. Leibold, 96 S., 4 Zeichnungen, kartoniert. ●

Enzyme
Vitalstoffe für die Gesundheit
(**0677**-2) Von G. Leibold, 96 S., kartoniert. ●

Kneippkuren zu Hause
(**0779**-5) Von G. Leibold, 112 S., 25 Zeichnungen, kartoniert. ●

Besser leben durch Fasten
(**0841**-4) Von G. Leibold, 96 S., kartoniert. ●

Die echte Schroth-Kur
(**0797**-3) Von Dr. med. R. Schroth, 88 S., 2 s/w-Fotos, kartoniert. ●

Massagetechniken und Heilanzeigen
Reflexzonentherapie
(**4404**-6) Von G. Leibold, 128 S., 53 Farbzeichnungen, Pappband. ●●●

Akupressur zur Eigenbehandlung
(**0417**-6) Von G. Leibold, 112 S., 78 Abb., kartoniert. ●

Chinesische Punktmassage
Akupressur
(**4419**-4) Von F.T. Lie, 192 S., 332 zweifarbige Abb., Pappband. ●●●●

Shiatsu-Massage
Harmonisierung der Energieströme im Körper
(**0615**-2) Von G. Leibold, 196 S., 180 Abb., kartoniert. ●●●

Fußsohlenmassage
Heilanzeigen · Technik · Selbsthilfe
(**0714**-0) Von G. Leibold, 96 S., 38 Zeichnungen, kartoniert. ●

Entspannung und Schmerzlinderung durch
Massage
(**0750**-7) Von B. Rumpler, K. Schutt, 112 S.,
116 zweifarbige Zeichnungen, kart. ●

Entspannung
(**0834**-1) Von Dr. med. Chr. Schenk, 88 S.,
29 Zeichnungen, kart. ●

Erfolg und Lebensfreude durch
**Autogenes Training und Psycho-
kybernetik**
(**1035**-4) Von D. H. Alke, 80 S., 2 s/w-Zeich-
nungen, mit Audiokassette, kartoniert. ●●●

Hypnose und Autosuggestion
Methoden · Heilwirkungen · praktische Beispiele. (**0483**-4) Von G. Leibold, 120 S.,
9 Illustrationen, kart. ●

Chinesisches Schattenboxen
Tai-Ji-Quan
für geistige und körperliche Harmonie
(**0850**-3) Von F.T. Lie, 120 S., 221 s/w-Fotos,
9 s/w-Zeichnungen, Beilage: 1 s/w-Poster mit
zahlreichen Abbildungen, kart. ●●

Yoga
Weg zur Harmonie
(**4417**-8) Von A. Harf, W. von Rohr, 176 S.,
171 Farbfotos, 12 s/w-Zeichnungen, Pappband. ●●●●

**Yoga gegen Haltungsschäden und
Rückenschmerzen**
(**0394**-3) Von A. Raab, 104 S., 215 Abb.,
kartoniert. ●

Neue Rezepte für **Diabetiker-Diät**
Vollwertig · abwechslungsreich · kalorien-
arm.
(**0418**-4) Von M. Oehlrich, 96 S., 8 Farbtafeln, kartoniert. ●

**Diät bei Herzkrankheiten und Bluthoch-
druck**
Rezeptteil von B. Zöllner.
(**3202**-1) Von Prof. Dr. med. H. Rottka, 92 S.,
4 Farbtafeln, kartoniert. ●●

**Diät bei Erkrankungen der Nieren, Harn-
wege und bei Dialysebehandlung**
Rezeptteil von B. Zöllner.
(**3203**-X) Von Prof. Dr. med. Dr. h. c. H. J.
Sarre und Prof. Dr. med. R. Kluthe, 96 S., 33
Farbfotos, 1 s/w-Zeichnung, kartoniert. ●●

Richtige Ernährung wenn man älter wird
Rezeptteil von B. Zöllner.
(**3204**-8) Von Prof. Dr. med. H.-J. Pusch,
96 S., 36 Farbfotos und 3 s/w-Zeichnungen,
kartoniert. ●●

Diät bei Darmkrankheiten
Durchfall · Divertikulose, Reizdarm und
Darmträgheit · einheimische Sprue (Zöllakie)
· Disaccharidasemangel · Dünndarmresek-
tion · Dumping Syndrom, Rezeptteil von B.
Zöllner, Rezeptteil von Prof. Dr. med. G. Stroh-
meyer, 88 S., 4 Farbtafeln, kartoniert. ●●

Diät bei Gicht und Harnsäuresteinen
Rezeptteil von B. Zöllner.
(**3205**-6) Von Prof. Dr. med. N. Zöllner,
112 S., 35 Farbtafeln, kartoniert. ●●

Diät bei Zuckerkrankheit
Rezeptteil von B. Zöllner. (**3206**-4) Von Prof.
Dr. med. P. Dieterle, 112 S., 42 Farbfotos,
4 vierfarbige Vignetten, 1 s/w-Zeichnung,
kartoniert. ●●

**Diät bei Störungen des Fettstoffwechsels
und zur Vorbeugung der Arteriosklerose**
Rezeptteil von B. Zöllner.
(**3208**-0) Von Prof. Dr. med. G. Wolfram,
104 S., 32 Farbfotos und 3 s/w-Zeichnungen,
kartoniert. ●●

**Ballaststoffreiche Kost bei Funktions-
störungen des Darms**
Rezeptteil von B. Zöllner.
(**3212**-9) Von Prof. Dr. med. H. Kasper, 96 S.,
34 Farbfotos, 1 s/w-Foto, kart. ●●

**Diät bei Krankheiten des Magens und
Zwölffingerdarms**
Rezeptteil von B. Zöllner.
(**3201**-3) Von Prof. Dr. med. H. Kaess, 96 S.,
35 Farbfotos, 1 s/w-Zeichnung, kartoniert.
●●

**Diät bei Krankheiten der Gallenblase,
Leber und Bauchspeicheldrüse**
Rezeptteil von B. Zöllner.
(**3207**-2) Von Prof. Dr. med. H. Kasper, 88 S.,
35 Farbfotos, 1 s/w-Zeichnung, kart. ●●

Diät bei Übergewicht
Rezeptteil von B. Zöllner.
(**3209**-9) Von Prof. Dr. med. Ch. Keller,
104 S., 42 Farbfotos, 3 s/w-Zeichnungen,
kart. ●●

Garten und Tiere

Garten heute
Der moderne Ratgeber · Über 1000 Farbbil-
der. (**4283**-3) Von H. Jantra, 384 S., über
1000 Farbabb., Pappband. ●●●●

Helmut Jantras Gartenbuch
Obst · Gemüse · Blumen
(**4522**-0) Von H. Jantra, 200 S., 395 Farbfotos, 123 Farbzeichnungen, 25 Tabellen,
Pappband. ●●

1000 ganz bewährte Garten-Tips
(**4453**-4) Von H. Jantra, 320 S., 288 zweifarbige und 62 s/w-Zeichnungen, Pappband.
●●●

Obst, Gemüse, Blumen, Gras
Gärtnern macht den Kindern Spaß
(**4517**-4) Von U. Krüger, 96 S., 85 Farbfotos,
180 Farbzeichnungen, Pappband. ●●

Rosen
Auswahl · Pflege · Gestaltung
(**1183**-0) Von H. Jantra, 120 S., 200 Farbfotos, 20 Farbzeichnungen, 8 Bepflanzungs-
pläne, kartoniert. ●●

Erfolgstips für den Obstgarten
Gesunde Früchte durch richtige Sortenwahl
und Pflege.
(**0827**-9) Von F. Mühl, 184 S., 16 Farbtafeln,
33 Zeichnungen, kartoniert. ●●

Erfolgstips für den Gemüsegarten
Mit naturgemäßem Anbau zu höherem
Ertrag. (**0674**-8) Von F. Mühl, 80 S., 30 s/w-
Fotos, 4 Zeichnungen, kartoniert. ●

Mischkultur im Nutzgarten
Mit Jahreskalender und Anbauplänen.
(**0651**-9) Von H. Oppel, 112 S., 8 Farbtafeln,
23 s/w-Fotos, 29 Zeichnungen, kart. ●

Obstgehölze sachgemäß schneiden
(**1127**-X) Von P.G. Wilhelm, ca. 128 S., ca.
50 zweifarbige und 200 s/w-Zeichnungen,
kartoniert. ●●

Erfolgstips für den Ziergarten
Schmuckpflanzen und Rasen richtig pflegen.
(**0930**-5) Von F. Mühl, 156 S., 12 Farbtafeln,
26 s/w-Zeichnungen, kartoniert. ●●

Erfolgreich gärtnern mit
Frühbeet und Folie
(**0828**-7) Von Dr. Gustav Schoser, 88 S.,
8 Farbtafeln, 46 s/w-Fotos, kartoniert. ●

Gesunde Zierpflanzen im Garten
Krankheiten erkennen und behandeln.
Mit neuem Diagnose-System.
(**4429**-1) Von R. Dr. Gg. Stelzer, 208 S.,
456 Farbfotos, 5 s/w- und 5 Farbzeichnungen, Pappband. ●●●●

Erfolgreich gärtnern
durch naturgemäßen Anbau
(**4252**-3) Von I. Gabriel, 416 S., 176 Farbfotos, 212 Farbzeichnungen, Pappband. ●●●

Aktion Garten ohne Gift
Gesunde Umwelt durch natürlichen Pflanzen-
schutz.
Ein Praxis-Handbuch von E. Hoplitschek u.
B. M. Tegethoff. (**4425**-9) 176 S., 250 Farbfotos, 35 Farb- und 29 s/w-Zeichn., Pappband. ●●●●

Neuanlage eines Biogartens
Planung, Bodenvorbereitung, Gestaltung
(**0721**-3) Von I. Gabriel, 128 S., 73 Farbfotos,
39 Zeichnungen, kartoniert. ●●

Gesunde Pflanzen im Biogarten
Biologische Maßnahmen bei Schädlingsbe-
fall und Pflanzenkrankheiten.
(**0707**-8) Von I. Gabriel, 128 S., 126 Farbfotos, kartoniert. ●●

Obst und Beeren im Biogarten
Gesunde und schmackhafte Früchte durch
natürlichen Anbau. (**0780**-9) Von I. Gabriel,
128 S., 109 Farbabb., kartoniert. ●●

Gemüse im Biogarten
Gesunde Ernte durch natürlichen Anbau
(**0830**-9) Von I. Gabriel, 128 S., 26 Farbfotos,
86 Farbzeichnungen, kartoniert. ●●

Kräuter und Heilpflanzen im Biogarten
Gesunde Ernte durch natürlichen Anbau
(**0929**-1) Von I. Gabriel, 112 S., 63 Farbfotos,
19 Farbzeichnungen, kartoniert. ●●

Der biologische Zier- und Wohngarten
Planen, Vorbereiten, Bepflanzen und Pflegen
(**0748**-5) Von I. Gabriel, 128 S., 72 Farbfotos,
46 Farbzeichnungen, kartoniert. ●●

**Kosmische Einflüsse auf unsere Garten-
pflanzen**
Sterne beeinflussen Wachstum und Gesundheit der Pflanzen. (**0708**-6) Von I. Gabriel,
112 S., 100 Farbabb., kartoniert. ●●

Natürlich gärtnern unter Glas und Folie
Anbauen und ernten rund ums Jahr
(**0722**-1) Von I. Gabriel, 128 S., 62 Farbfotos,
45 Farbzeichnungen, kartoniert. ●●

Dekorative Kübelpflanzen
Auswahl und Pflege
(**1074**-5) Von H. Jantra, 112 S., 180 Farbfotos, 35 Farbzeichnungen, kartoniert. ●●

Blütenpracht auf Balkon und Terrasse
(**0928**-3) Von M. Haberer, 88 S., 139 Farbfotos, kartoniert. ●●

**Gemüse, Kräuter, Obst aus dem Balkon-
garten**
Erfolgreich ernten auf kleinstem Raum
(**0694**-2) Von S. Stein, 32 S., 34 Farbfotos,
6 Zeichnungen, Spiralbindung, kart. ●

Gestaltungsideen für
Schöne Gärten
(**4482**-9) Von H. Jantra, 168 S., 309 Farbfotos, 3 s/w-Fotos, Pappband. ●●●●●

Kleingärten
Planen · Anlegen · Pflegen
(**1015**-X) Von H. Jantra, 88 S., 123 Farbfotos,
1 s/w-Foto, 14 Farbzeichnungen, kart. ●●

Reihenhausgärten
Planen · Anlegen · Pflegen
(**1016**-8) Von H. Jantra, 104 S., 134 Farbfotos, 45 Farbzeichnungen, kart. ●●

Steingärten Wirkungsvoll gestalten und
sachgerecht pflegen
(**4452**-6) Von A. Throll-Keller, 128 S., 203
Farbfotos, 54 Farbzeichnungen, Pappband.
●●●●

Gartenteiche, Tümpel und Weiher
naturnah anlegen und pflegen
(**1073**-7) Von Dr. F. Liedl, H. Goos, 80 S.,
87 Farbfotos, 39 Farbzeichnungen, kart. ●●

Wasser im Garten
Von der Vogeltränke zum Naturteich · Natürliche Lebensräume selbst gestalten.
(**4230**-2) Von H. Hendel, P. Keßeler, 240 S.,
315 Farbabb., 11 s/w-Fotos, Pappband.
●●●●●

Mein kleiner Gartenteich
planen – anlegen – pflegen
(**0851**-1) Von I. Polascheck, 144 S., 108 Farbabb., 6 s/w-Zeichnungen, kart. ●●

Pflanzen und Tiere für den Gartenteich
(**1171**-7) Von W. Costa, 128 S., 169 Farbfotos, 40 Farbzeichnungen, 8 Bepflanzungs-
pläne, kartoniert. ●●

Häuser in lebendigem Grün
Fassaden und Dächer mit Pflanzen gestalten
(**0846**-5) Von U. Mehl, K. Werk, 88 S., 116
Farbfotos, 4 Farb- und 17 s/w-Zeichnungen,
kartoniert. ●●

Wintergärten
Das Erlebnis, mit der Natur zu wohnen.
Planen, Bauen und Gestalten.
(**4256**-6) Von LOG ID, 136 S., 130 Farbfotos,
107 Zeichnungen, Pappband. ●●●●

Rund ums Jahr erfolgreich gärtnern
Gewächshäuser
planen · bauen · einrichten · nutzen
(**4408**-9) Von Dr. G. Schoser, J. Wolff, 232 S.,
368 Farbabb., 5 s/w-Fotos, Pappband.
●●●●●

Ziergräser
Über 100 Arten erfolgreich kultivieren
(**0829**-5) Von H. Jantra, 104 S., 73 Farbfotos,
6 Farbzeichnungen, kartoniert. ●●

Das moderne Handbuch **Zimmerpflanzen**
(**4416**-X) Von H. Jantra, 304 S., 766 Farbfotos, 64 Farb- und 19 s/w-Zeichnungen,
Pappband. ●●●●

**365 Erfolgstips für schöne
Zimmerpflanzen**
(**0893**-7) Von H. Jantra, 144 S., 215 Farbfotos, kartoniert. ●●

Dekorative Blattpflanzen
Auswahl und Pflege
(**1128**-8) Von H. Jantra, 128 S., 198 Farbfotos, 20 Farbzeichnungen, kartoniert. ●●

Prof. Stelzers grüne Sprechstunde
Gesunde Zimmerpflanzen
Krankheiten erkennen und behandeln.
Mit neuem Diagnosesystem.
(**4274**-4) Von Prof. Dr. G. Stelzer, 192 S.,
410 Farbfotos, 10 s/w-Abb., Papp-
band. ●●●●

Hydrokultur
Pflanzen ohne Erde – mühelos gepflegt.
(**0944**-5) Von H.-A. Rotter, 144 S., 167 Farbfotos, 13 Farbzeichnungen, kart. ●●

Bonsai Japanische Miniaturbäume und
Miniaturlandschaften. Anzucht, Gestaltung
und Pflege.
(**4091**-1) Von B. Lesniewicz, 160 S.,
106 Farbfotos, 46 s/w-Fotos, 115 Zeichnungen, gebunden. ●●●●●

Fibel für Kakteenfreunde
(**0199**-1) Von H. Herold, 102 S., 23 Farbfotos, 37 s/w-Abb., kartoniert. ●

Grzimek Juniors **BUNTE TIERWELT**
(**4295**-7) Von Chr. Grzimek, 208 S.,
308 Farbfotos, Pappband. ●●●

Hunde
Rassen · Ausbildung · Pflege · Zucht
(**4118**-7) Von H. Bielfeld, 192 S., 222 Farb-
und 73 s/w-Abb., Pappband. ●●●●

Das neue Hundebuch
Rassen · Aufzucht · Pflege
(**0009**-X) Von W. Busack, überarbeitet von
Dr. med. vet. A. H. Hacker und H. Bielfeld,
112 S., 8 Farbtafeln, 27 s/w-Fotos, 26 Zeichnungen, kartoniert. ●

**Alles über Dackel, Teckel und
Dachshunde**
(**1079**-4) Von M. Wein-Gysae, 80 S., 46 Farbfotos, 2 zweifarbige Zeichnungen, kart. ●●

Hundeausbildung
Verhalten · Gehorsam · Ausbildung
(**0346**-3) Von R. Menzel, 88 S., 26 Fotos,
kartoniert. ●

Grundausbildung für Gebrauchshunde
Schäferhund, Boxer, Rottweiler, Dobermann,
Riesenschnauzer, Airedaleterrier, Hovawart
und Bouvier.
(**0801**-3) Von M. Schmidt und W. Koch.
104 S., 8 Farbtafeln, 51 s/w-Fotos, 5 s/w-
Zeichnungen, kartoniert. ●●

Der Hund in der Familie
(**1014**-1) Von J. Werner, 128 S., 106 Farbfotos, kartoniert. ●●

Der Deutsche Schäferhund
(**1091**-5) Von U. Förster, 112 S., 47 Farbzeichnungen, 2 s/w-Fotos, kartoniert. ●●

Der Deutsche Schäferhund
Aufzucht, Pflege und Ausbildung
(**0073**-1) Von A. Hacker, 104 S., 56 Abbildungen, kartoniert. ●

Alles über junge Hunde
(**0863**-5) Von Dr. med. vet. E. M. Bartenschla-
ger, 64 S., 49 Farbfotos, 6 Zeichnungen,
kartoniert. ●

Richtige Hundeernährung
(**0811**-2) Von Dr. med. vet. E. M. Bartenschla-
ger, 80 S., 51 Farbfotos, 4 Farbzeichn., kartoniert. ●

Hundekrankheiten
(**1077**-X) Von Dr. med. vet. R. Spangenberg,
96 S., 44 Farb- und 1 s/w-Foto, 22 Farbzeichnungen, kartoniert. ●●

Von Ajax bis Zamperl
Die beliebtesten Hunde-Namen
(**1174**-1) Von H.-J. Schließke, ca. 80 S., kartoniert. ●

Katzen
Rassen · Verhalten · Pflege · Zucht
(**4158**-6) Von B. Gerber, 176 S., 294 Farb-
und 88 s/w-Fotos, Pappband. ●●●●

Das neue Katzenbuch
Rassen · Aufzucht · Pflege.
(**0427**-3) Von B. Eilert-Overbeck, 120 S.,
14 Farbfotos, 26 s/w-Fotos, kartoniert. ●

Katzenkrankheiten
erkennen und behandeln
(**1078**-8) Von Dr. med. vet. R. Spangenberg,
104 S., 40 Farbfotos und 11 Farbzeichnungen, kartoniert. ●●

Junge Katzen
(**0862**-7) Von Dr. med. vet. E. M. Bartenschla-
ger, 72 S., 40 Farbfotos, 4 Farbzeichnungen,
kartoniert. ●

Pferde
(**4186**-1) Von H. Werner, 176 S., 196 Farb-
und 50 s/w-Fotos, 100 Zeichnungen, Pappb-
band. ●●●●

Reiten im Bild
(**0415**-X) Von H. Werner, 128 S., 142 Farbfotos, 107 Farbzeichnungen, kartoniert. ●●

Der Hobby-Imker
(**0978**-X) Von Dr. R. F. A. Moritz, 144 S., 106
zweifarbige Zeichnungen, kartoniert. ●●

Geflügelhaltung als Hobby
(**0749**-3) Von G. Baumeister, H. Meyer, 184
S., 8 Farbtafeln, 47 s/w-Fotos, 15 zweifarbige
Zeichnungen, kartoniert. ●●

Sittiche und kleine Papageien
(**0864**-3) Von Dr. med. vet. E. M. Bartenschla-
ger, 88 S., 84 Farbfotos, 9 Zeichnungen,
kartoniert. ●

Alles über Wellensittiche
(**1129**-6) Von H. Bielfeld, 64 S., 53 Farbfotos,
3 Zeichnungen, kartoniert. ●●

Alles über Kanarienvögel
(**0901**-X) Von H. Schnoor, 64 S., 58 Farbfotos
und Zeichnungen, kartoniert. ●

Die Tiersprechstunde
Artgerechte Vogelfütterung im Winter
(**0908**-9) Von Dr. med. W. Keil, 64 S., 51 Farbfotos
und Zeichnungen, kartoniert. ●

Süßwasser-Aquarium
(**4191**-8) Von H. J. Mayland, 288 S., 564
Farbfotos, 75 Zeichnungen, Pappband.
●●●●●

Die Tiersprechstunde
Gesunde Fische im Süßwasseraquarium
(**1013**-3) Von H. J. Mayland, 96 S., 73 Farbfotos, 10 Zeichnungen, kartoniert. ●

Tiere im Wassergarten
(**0808**-2) Von Dr. med. vet. E. M. Bartenschla-
ger, 96 S., 84 Farbfotos, 7 Zeichnungen,
kartoniert. ●●

Die Tiersprechstunde
Alles über Zwerg- und Goldhamster
(**1012**-5) Von M. Mettler, 96 S., 96 Farbfotos,
kartoniert. ●

Alles über Chinchillas und Degus
(**1130**-X) Von M. Mettler, 96 S., 80 Farbfotos,
3 Zeichnungen, kartoniert. ●●

Alles über Meerschweinchen
(**0809**-0) Von Dr. med. vet. E. M. Bartenschla-
ger, 72 S., 43 Farbfotos, 11 Farbzeichnungen, kartoniert. ●

Alles über Igel in Natur und Haus
(**0810**-4) Von Dr. med. vet. E. M. Bartenschla-
ger, 68 S., 51 Farbfotos, kartoniert. ●

Alles über Zwergkaninchen
(**1075**-3) Von M. Mettler, 64 S., 52 Farbfotos,
kartoniert. ●

Reise

**Vom Morgenland ins Reich der
Sonnengöttin**
Lebensbilder aus dem Nahen und Fernen
Osten. (**4449**-6) Von J. Schneider, H. Schoen,
160 S., 266 Farbfotos, 1 farbige Karte, Papp-
band. ●●●●

Traumreisen
Unterwegs auf den schönsten Straßen der
Welt. (**4468**-2) Von T. Pehle, 192 S.,
288 Farbfotos, 12 Zeichnungen, Pappband.
●●●●

**Streifzüge durch die deutsche Kulturge-
schichte**
(**4490**-9) Von L. von Saalfeld, Dr. D. Kreidt,
U. Stöckel, A. Hürmer, 208 S., über 100 Farbfotos, 52 Lagepläne, Pappband. ●●●

Der Metternich 90/91
Die besten Adressen für Feinschmecker in
Deutschland. (**4488**-7) Hrsg. von P. A. Fürst
von Metternich-Winneburg, bearbeitet von C.
Arius, 464 S., 366 Farbfotos, 5 Übersichts-
karten, Pappband. ●●●●

**Berlin
Die neue Metropole**
(**1145**-8) Von R. Mader, 96 S., 116 Farbfotos,
15 hist. Landschafts- und Städteabbildungen,
1 Stadtplan, kartoniert. ●●

An der Ostseeküste in Mecklenburg
(**1137**-7) Von R. Mader, 96 S., 94 Farbfotos,
18 hist. Städte- und Landschaftsabbildungen,
kartoniert. ●●

**Der Thüringer Wald und die
Dichterstädte**
(**1135**-0) Von R. Mader, 96 S., 95 Farbfotos,
17 hist. Landschafts- und Städteabbildungen,
kartoniert. ●●

Der Harz
(**1144**-X) Von R. Mader, 96 S., 100 Farbfotos,
17 hist. Städte- und Landschaftsabbildungen,
kartoniert. ●●

**Dresden
Barockperle an der Elbe**
(**1134**-2) Von R. Mader, 96 S., 97 Farbfotos,
13 hist. Landschafts- und Städteabbildungen,
1 s/w-Foto, 1 aufklappbarer Stadtplan, kart.
●●

Vom Spreewald zur Lausitz
(**1136**-9) Von R. Mader, 96 S., 95 Farbfotos,
11 hist. Landschafts- und Städteabbildungen,
1 Panoramakarte, kartoniert. ●●

FALKEN Video
Reiseziel DDR
(**6061**-0) VHS, ca. 60 Minuten, in Farbe,
Kompaktreiseführer mit Panoramakarte im
Taschenformat. ●●●●*

FALKEN Video
Reiseziel Berlin
(**6067**-X) VHS, ca. 60 Minuten, in Farbe,
Kompaktreiseführer mit Panoramakarte im
Taschenformat. ●●●●●*

FALKEN Video
Reiseziel Ostseeküste DDR
(**6062**-9) VHS, ca. 60 Minuten, in Farbe,
Kompaktreiseführer mit Panoramakarte im
Taschenformat. ●●●●●*

FALKEN Video
Reiseziel USA
Der Südwesten mit LAS VEGAS und den
schönsten Sehenswürdigkeiten in den
ROCKY MOUNTAINS.
(**6055**-6) VHS, ca. 60 Minuten, in Farbe,
Kompaktreiseführer mit Panoramakarte im
Taschenformat. ●●●●●*

FALKEN Video
Info-Tour USA
Die Highlights aus dem FALKEN Reisepro-
gramm New York, Kalifornien, Florida und
USA Süd-West.
(**6060**-2) VHS, ca. 30 Minuten, in Farbe. ●*

FALKEN Video
Reiseziel New York
(**6048**-3) VHS, ca. 60 Minuten, in Farbe, mit
Begleitbroschüre. ●●●●●*

FALKEN Video
Reiseziel Florida
(**6054**-8) VHS, ca. 60 Minuten, in Farbe,
Kompaktreiseführer mit Panoramakarte im
Taschenformat. ●●●●●*

FALKEN Video
Reiseziel Kalifornien
San Francisco und die schönsten Ziele in
Kalifornien.
(**6049**-1) VHS, ca. 60 Minuten, in Farbe, mit
Begleitbroschüre. ●●●●●*

FALKEN Video
Reiseziel Hawaii
(**6063**-7) VHS, ca. 60 Minuten, in Farbe,
Kompaktreiseführer mit Panoramakarte im
Taschenformat. ●●●●●*

FALKEN Video
Reiseziel Thailand
Exotisches Bangkok, traumhafte Strände,
berühmte Tempel und Paläste.
(**6065**-3) VHS, ca. 60 Minuten, in Farbe,
Kompaktreiseführer mit Panoramakarte im
Taschenformat. ●●●●●*

FALKEN Video
Reiseziel Kanarische Inseln
Schöne Strände, interessante Exkursionen.
(**6065**-5) VHS, ca. 60 Minuten, in Farbe,
Kompaktreiseführer mit Panoramakarte im
Taschenformat. ●●●●●*

FALKEN Video
Reiseziel Irland
Entdeckungsreise mit Boot und Planwagen,
präzise Informationen, praktische Tips.
(**6059**-9) VHS, ca. 60 Minuten, in Farbe,
Kompaktreiseführer mit Panoramakarte im
Taschenformat. ●●●●●*

FALKEN Video
Reiseziel Norwegen
Rundreise zu den schönsten Fjorden, präzise
Informationen, praktische Tips.
(**6058**-0) VHS, ca. 60 Minuten, in Farbe,
Kompaktreiseführer mit Panoramakarte im
Taschenformat. ●●●●●*

Rat und Wissen

Der gute Ton
in Gesellschaft und Beruf.
(**0063**-4) Von I. Wolter, 80 S., 42 s/w-Fotos,
7 Zeichnungen, kartoniert. ●

Der gute Ton
im Privatleben.
(**1111**-3) Von I. Wolter, bearbeitet von Wolf
Stenzel, 104 S., 42 s/w-Abbildungen, kartoniert. ●

Umgangsformen heute
Die Empfehlungen des Fachausschusses für
Umgangsformen.
(**4015**-6) 252 S., 108 s/w-Fotos, 17 Zeichnungen, Pappband. ●●●

Benehmen bei Tisch
(**0988**-7) Von I. Cording, 80 S., 90 Farbfotos,
5 s/w-Zeichnungen, kartoniert. ●●

Krawatten
Fliegen, Schals und Tücher gekonnt binden
(**1072**-9) Von Y. Thalheim, H. Nadolny, 48 S.,
129 Farbfotos, 1 s/w-Foto, Pappband. ●

Wir heiraten
Ratgeber zur Vorbereitung und Festgestal-
tung der Verlobung und Hochzeit.
(**4188**-8) Von C. Poensgen, 216 S., 8 s/w-
Fotos, 30 s/w-Zeichnungen, 8 Farbtafeln,
Pappband. ●●

**Von der Verlobung zur Goldenen
Hochzeit**
(**0393**-5) Von E. Runge, 112 S., kartoniert. ●

Hochzeits- und Bierzeitungen
Muster, Tips und Anregungen.
(**0288**-2) Von H.-J. Winkler, mit vielen Text-
und Gestaltungsanregungen, 116 S., 15 Abb.,
1 Musterzeitung, kartoniert. ●

Die Silberhochzeit
Vorbereitung · Einladung · Geschenkvor-
schläge · Dekoration · Festablauf · Menüs ·
Reden · Glückwünsche. (**0542**-3) Von K. F.
Merkle, 112 S., 41 Zeichnungen, kart. ●

Wie soll es heißen?
(**0211**-4) Von D. Köhr, 136 S., kartoniert. ●

Unsere beliebtesten Vornamen
(**1023**-0) Von A. F. W. Weigel, 160 S., 75 s/w-
Fotos, Pappband. ●●

**Kindergedichte, Lieder und Sketche für
Hochzeitsfeiern**
(**1112**-1) Von B. Lins, 72 S., 26 farbige Abbildungen, 15 Lieder, kartoniert. ●

**Kindergedichte zur grünen, silbernen und
goldenen Hochzeit**
(**0318**-8) Von H.-J. Winkler, 104 S., 20 Abb.,
kartoniert. ●

Kindergedichte für Familienfeste
(**0860**-0) Von B. H. Bull, 96 S., 20 Zeichnungen, kartoniert. ●

Kindergedichte rund ums Jahr
(**1040**-0) Von A. Schweiggert, 80 S., 49
Zeichnungen, 6 Vignetten, kartoniert. ●

Ins Gästebuch geschrieben
(**0576**-8) Von K. H. Trabeck, 96 S., 24 Zeichnungen, kartoniert. ●

Der Verseschmied
Kleiner Leitfaden für Hobbydichter. Mit Reim-
lexikon.
(**0597**-0) Von T. Parisius, 96 S., 28 Zeichnungen, kartoniert. ●

Die schönsten Volkslieder
(**0432**-X) Hrsg. D. Walther, 128 S., mit Noten
und Zeichnungen, kartoniert. ●

Wo man singt…
Lieder aus Deutschland
(**4507**-7) Hrsg. von R. Werion, Prof. H. Rauhe,
H. R. Beierlein, 288 S., 217 Farbzeichnungen,
Pappband. ●●●

Neue Glückwunschfibel
für groß und klein. (**0156**-8) Von R. Christian-
Hildebrandt, 96 S., 13 Vignetten, kartoniert.
●

Großes Buch der Glückwünsche
(**0255**-6) Hrsg. von O. Fuhrmann, 176 S., 77
Zeichnungen und viele Gestaltungsvor-
schläge, kartoniert. ●●

Verse fürs Poesiealbum
(**0241**-6) Von I. Wolter, 96 S., 20 Abb.,
kartoniert. ●

Heiter und besinnliche
Verse fürs Poesiealbum
(**1069**-9) Von B. H. Bull, 160 S., 70 zweifarbige Illustrationen, Pappband. ●●

Reden und Ansprachen
für jeden Anlaß. (**4009**-1) Hrsg. von F. Sicker,
454 S., gebunden. ●●●●

Die Kunst der freien Rede
Ein Intensivkurs mit vielen Übungen,
Beispielen und Lösungen.
(**4189**-6) Von G. Hirsch, 232 S., 11 Zeichnungen, Pappband. ●●●

Festreden und Vereinsreden
Muster für alle Gelegenheiten
(**0069**-3) Von K. Lehnhoff, E. Ruge, 96 S.,
kartoniert. ●

**Trinksprüche, Gästebuchverse,
Richtsprüche**
(**0224**-5) Von D. Kellermann, 96 S., kartoniert. ●

**Glückwünsche, Toasts und Festreden zur
Hochzeit**
(**0264**-5) Von I. Wolter, 112 S., 18 Zeichnungen. ●

**Reden zur Taufe, Kommunion und
Konfirmation**
(**0751**-5) Von G. Georg, 96 S., kartoniert. ●

Reden zu Familienfesten
Musteransprachen für viele Gelegenheiten
(**0675**-6) Von G. Georg, 112 S., kartoniert. ●

Reden im Verein
Musteransprachen für viele Gelegenheiten
(**0703**-5) Von G. Georg, 112 S., kartoniert. ●

Reden zum Jubiläum
Musteransprachen für viele Gelegenheiten
(**0595**-4) Von G. Georg, 112 S., kartoniert. ●

**Reden und Sprüche zu Grundsteinlegung,
Richtfest und Einzug**
(**0598**-0) Von A. Bruder, G. Georg, 96 S.,
kartoniert. ●

Die überzeugende Rede
Mehr Erfolg durch bessere Rhetorik
(**0076**-6) Von K. Wolter, G. Kunz, 96 S.,
kartoniert. ●

Moderne Korrespondenz
Handbuch für erfolgreiche Briefe
(**4014**-8) Von H. Kirst und W. Manekeller,
544 S., Pappband. ●●●

Musterbriefe
für alle Gelegenheiten.
(**0231**-9) Hrsg. von O. Fuhrmann, 240 S.,
kartoniert. ●

FALKEN-Software
**Musterkorrespondenz in Deutsch, Eng-
lisch, Französisch, Italienisch, Spanisch**
(**7041**-1) Diskette 5 1/4" für IBM-PC + Kompatible, mit Begleitbroschüre. ●●●●●*
(**7051**-9) Diskette 3 1/2" für IBM-PC + Kompatible, mit Begleitbroschüre. ●●●●●*

FALKEN-Software

TEXAD
Das komfortable Korrespondenzprogramm für den privaten und geschäftlichen Bereich (**7017**-9) 2 Disketten für IBM-PC + Kompatible, 5 1/4", mit Begleitheft, **DM 198,–***, S 1980,-*, SFr 198,-*.
(**7048**-9) Diskette 3 1/2", mit Handbuch. ●●●●●*
(**7049**-7) Demo-Version 5 1/4", o. Handbuch. ●●*
(**7050**-0) Demo-Version 3 1/2", o. Handbuch. ●●*

Privatbriefe
Muster für alle Gelegenheiten. (**0114**-2) Von I. Wolter-Rosendorf, 112 S., kart.●

Erfolgstips für den Schriftverkehr
Briefgestaltung · Rechtschreibung · Zeichensetzung · Stil. (**0678**-0) Von U. Schoenwald, 112 S., kart.●

Geschäftliche Briefe
des Privatmanns, Handwerkers, Kaufmanns (**0041**-3) Von A. Römer, 124 S., kart. ●

Behördenkorrespondenz
Musterbriefe · Anträge · Einsprüche (**0412**-5) Von E.Ruge, 112 S., kart.●

Worte und Briefe der Anteilnahme
(**0464**-0) Von E. Ruge, 96 S., mit vielen Abb., kart. ●

Briefe zu Geburt und Taufe
Glückwünsche und Danksagungen. (**0802**-3) Von H. Beitz, 96 S., 12 Zeichnungen, kart. ●

Briefe zum Geburtstag
Glückwünsche und Danksagungen. (**0822**-8) Von H. Beitz, 104 S., 22 Zeichnungen, kart. ●

Briefe der Liebe
Anregungen für gefühlvolle und zärtliche Worte. (**0903**-8) Hrsg. von H. Beitz, 96 S., 4 Zeichnungen, kart. ●

Erziehungsgeld, Mutterschutz, Erziehungsurlaub
Das neue Recht für Eltern (**0835**-X) Von J. Grönert, 144 S., kart. ●

Liebe ja – Ehe nein
Die nichteheliche Lebensgemeinschaft (**1071**-0) Von T. Drewes, 104 S., 8 s/w-Zeichnungen, kartoniert. ●

Scheidung und Unterhalt
nach dem neuen Eherecht.
(**0403**-6) Von T.Drewes, 112 S., mit Kosten und Unterhaltstabellen, kart. ●

Testament und Erbschaft
Erbfolge, Rechte und Pflichten der Erben, Erbschafts- und Schenkungssteuer, Mustertestamente. (**4139**-X) Von T. Drewes, R. Hollender, 304 S., Pappband. ●●●

Der letzte Wille
Ratgeber für Erblasser, Erben und Hinterbliebene in Rechts-, Versorgungs- und Steuerfragen (**0939**-9) Von T. Drewes, 136 S., 9 s/w-Zeichnungen, kart. ●●

Mietrecht
Leitfaden für Mieter und Vermieter (**0479**-6) Von J. Beuthner, 196 S., kart. ●●

Präzise Ratschläge für **Ihre optimale Rente**
Vorbereitung · Berechnungsgrundlagen · Gesetzesänderungen · Individuelle Rechenbeispiele. (**0806**-6) Von K. Möcks, 96 S., 24 Formulare, 1 Graphik, kart. ●

Haushaltstips praktisch und umweltfreundlich
(**1046**-X) Von K. Winkell, 96 S., 36 Zeichnungen, kartoniert. ●

Haushaltstips von A – Z
(**0759**-0) Von A. Eder, 80 S., 30 Zeichnungen, kartoniert. ●

Der Umweltfahrplan
Ein praktischer Ratgeber für Haushalt und Familie
(**1103**-2) Von K. Riedesser, hrsg. von der Aktionsgemeinschaft Umwelt, Gesundheit, Ernährung e. V., Hamburg, 144 S., 34 s/w-Zeichnungen, kart. ●

Wege zum Börsenerfolg
Aktien · Anleihen · Optionen
(**4275**-2) Von H. Krause, 252 S., 4 s/w-Fotos, 86 Zeichnungen, Pappband. ●●●●

FALKEN-Software
Börsenfieber
Spielend spekulieren mit Geld und Aktien (**7016**-0) IBM-PC und Kompatible, Diskette 5 1/4", mit Begleitheft, ●●●●●*
(**7026**-8) für C 64/C 128 PC, mit Begleitheft
(**7027**-6) für Atari ST 520/1040, mit Begleitheft
(**7028**-4) für Amiga, mit Begleitheft
(**7044**-6) für IBM PC + Kompatible, Diskette 3 1/2" , mit Begleitheft

FALKEN-Software
Börsenfieber
Über 100 neue Ereignisse
(**7066**-7) Diskette 5 1/4" für IBM-PC + Kompatible, mit Begleitbroschure. ●●●*
(**7067**-5) Diskette 3 1/2" für IBM-PC + Kompatible, mit Begleitheft. ●●●*

FALKEN-Software
Broker King
Cash und crash an der Terminbörse. Mit Warentermingeschäft und Optionshandel (**7057**-8) Diskette 5 1/4" für IBM-PC + Kompatible, mit Begleitbroschure. ●●●●● *
(**7058**-6) Diskette 3 1/2" für IBM-PC + Kompatible, mit Begleitbroschure. ●●●●● *

Richtige Groß- und Kleinschreibung
durch neue, vereinfachte Regeln. Erläuterungen der Zweifelsfragen anhand vieler Beispiele.
(**0897**-X) Von Prof. Dr. Ch. Stetter, 96 S., kart. ●

Gutes Deutsch schreiben und sprechen (**4432**-1) Von W. Manekeller, Dr. G. Reinert-Schneider, 416 S., durchgehend vierfarbig, Pappband. ●●●●

Mehr Erfolg in der Schule
Deutsche Rechtschreibung und Grammatik
Übungen und Beispiele für die Klassen 5-10. (**4407**-0) Von K. Schreiner, 256 S., durchgehend zweifarbig, Pappband. ●●●●

Richtiges Deutsch Rechtschreibung · Zeichensetzung · Grammatik · Stilkunde. (**0551**- 2) Von K. Schreiner, 128 S., 7 Zeichnungen, kart. ●

Besseres Deutsch
Mit Übungen und Beispielen für Rechtschreibung, Diktate, Zeichensetzung, Aufsätze, Grammatik, Literaturbetrachtung, Stil, Briefe, Fremdwörter, Reden.
(**4115**-2) Von K. Schreiner, 444 S., 7 s/w-Fotos, 27 Zeichnungen, Pappband. ●●●

Richtige Zeichensetzung
durch neue, vereinfachte Regeln. Erläuterungen der Zweifelsfragen anhand vieler Beispiele.
(**0744**-4) Von Prof. Dr. Ch. Stetter, 160 S., kart. ●

Diktate besser schreiben
Übungen zur Rechtschreibung für die Klassen 4 bis 8
(**0469**-9) Von K. Schreiner, 152 S., 31 Zeichnungen, kartoniert. ●

Deutsche Grammatik
Ein Lern- und Übungsbuch
(**0704**-0) Von K. Schreiner, 122 S., kart. ●

Aufsätze besser schreiben
Förderkurs für die Klassen 4 – 10
(**0429**-X) Von K. Schreiner, 144 S., 31 Abb., kartoniert. ●●

Mehr Erfolg in der Schule
Der Deutschaufsatz
Übungen und Beipiele für die Klassen 5-10. (**4271**-X) Von K. Schreiner, 240 S., 4 s/w-Fotos, 51 Zeichnungen, Pappband. ●●●

Mehr Erfolg in der Schule
Deutsch
Textinterpretation, Literaturgeschichte und Stilkunde
(**4483**-6) Von K. Schreiner, 272 S., 43 zweifarbige Zeichnungen, Pappband. ●●●●

Mehr Erfolg in der Schule **Mathematik 1**
Arithmetik und Algebra. Übungen, Beispiele und Lösungen für die Klassen 5 bis 10. (**4420**-8) Von R. Müller-Fonfara, 256 S., 193 Zeichn., 2 s/w-Fotos, Pappband. ●●●

Mehr Erfolg in der Schule
Mathematik 2
Geometrie, Statistik, Wahrscheinlichkeitsrechnung und kaufmännisches Rechnen (**4456**-9) Von R. Müller-Fonfara, W. Scholl, 256 S., 6 s/w-Fotos, 304 Zeichnungen, Pappband. ●●●

Mathematische Formeln für Schule und Beruf
Mit Beispielen und Erklärungen.
(**0499**-0) Von R. Müller-Fonfara, 156 S., 210 Zeichnungen, kart. ●

Schülerlexikon der Mathematik
Formeln, Lösungen und Begriffserklärungen für die Klassen 5 – 10
(**0430**-3) Von R. Müller-Fonfara, 176 S., 96 Zeichnungen, kart. ●

Mathematik-Textaufgaben leicht gelöst
Aufgaben · Lösungsstrategien · Anwendungsbeispiele
(**1022**-2) Von R. Müller-Fonfara, 128 S., 4 Zeichnungen, kartoniert. ●●

Rechnen aufgefrischt für Schule und Beruf. (**0100**-2) Von H. Rausch, 144 S., kart. ●

FALKEN-Software
Wirtschaftsrechnen in Beruf und Alltag
(**7037**-3) Diskette für IBM-PC und Kompatible, mit Begleitheft. ●●●●●*

Mehr Erfolg in der Schule
Physik
Mechanik · Wärmelehre · Optik · Elektrizität · Atomphysik
(**4448**-8) Von Dr. T. Neubert, 240 S., 219 Zeichnungen, Pappband. ●●●●

Physik verständlich
Förderkurs für die Klassen 7 bis 10
(**0926**-7) Von Dr. Th. Neubert, 136 S., 146 s/w-Zeichnungen, 166 Aufgaben, kart. ●●

Besseres Englisch
Grammatik und Übungen für die Klassen 5 bis 10.
(**0745**-0) Von E. Henrichs, 144 S., kart. ●●

Mehr Erfolg in der Schule
Englische Grammatik
Regeln und Übungen für die Klassen 5 bis 13 (**4431**-3) Von E. Henrichs-Kleinen, 256 S., durchgehend zweifarbig, Pappband. ●●●

FALKEN-Software
Business English for Secretaries
Lernen und üben in berufsbezogenen Situationen (**7035**-7) Diskette 5 1/4" für IBM-PC + Kompatible, mit Begleitbroschure. ●●●●●*
(**7059**-4) Diskette 3 1/2" für IBM-PC + Kompatible, mit Begleitbroschure. ●●●●●*

FALKEN-Software
The Grammar-Master
Englische Grammatik üben und beherrschen (**7002**-0) Diskette für den C 64/C 128 PC ●●●●*
(**7030**-6) Diskette für IBM-PC + Kompatible, mit Begleitheft. ●●●●● *
(**7031**-4) Diskette für Atari ST 520/1040, mit Begleitheft. ●●●●● *
(**7032**-2) Diskette für Amiga, mit Begleitheft. ●●●●●*

FALKEN-Software
Vokabeltrainer Englisch
Von B. Hoppius. (**7001**-2) 2 Disketten für
C 64/C 128 PC mit Begleitheft. ●●●●●*
(**7007**-1) Wendediskette für Atari ST 520/
1040, mit Begleitheft. ●●●●●*
(**7034**-9) Diskette 5 1/4″ für IBM-PC + Kompatible, mit Begleitheft. ●●●●●*
(**7084**-5) Diskette 3 1/2″ für IBM-PC + Kompatible, mit Begleitheft. ●●●●●*

FALKEN-Software
Vokabeltrainer Französisch
Über 2000 Vokabeln und Redewendungen
frei erweiterbar
(**7018**-7) Systemdiskette u. Wendediskette
für C 64/C 128 PC, mit Begleitheft, (**7019**-5)
Diskette 5 1/4″ für IBM-PC und Komp., mit
Begleitheft. ●●●●●*

FALKEN-Software
Je finis, tu finis …
maitrise la grammaire française
Französische Grammatik lernen und
beherrschen
(**7053**-5) Diskette 5 1/4″ für IBM-PC + Kompatible, mit Begleitbroschüre. ●●●●●*
(**7069**-1) Diskette 3 1/2″ für IBM-PC + Kompatible, mit Begleitbroschüre. ●●●●●*

FALKEN-Software
Le monde des affaires en français
Wirtschaftsfranzösisch leicht gelernt
(**7064**-3) Diskette 5 1/4″ für IBM-PC + Kompatible, mit Begleitbroschüre. ●●●●●*
(**7068**-3) Diskette 3 1/2″ für IBM-PC + Kompatible, mit Begleitbroschüre. ●●●●●*

Besseres Französisch
Grammatik und Übungen für die Klassen 9
bis 11
(**1039**-7) Von R. Lübke, 144 S., durchgehend
zweifarbig, kartoniert. ●●

FALKEN-Software
Vokabeltrainer Italienisch
Über 2000 Vokabeln und Redewendungen
frei erweiterbar
(**7065**-1) Diskette 5 1/4″ für IBM-PC + Kompatible, mit Begleitbroschüre. ●●●●●*
(**7064**-0) Diskette 3 1/2″ für IBM-PC + Kompatible, mit Begleitbroschüre. ●●●●●*

FALKEN-Software
Vokabel Trainer Latein
Über 2000 Vokabeln und Redewendungen
frei erweiterbar
(**7022**-5) Von B. Hoppius, Wendediskette für
C 64/C 128 PC, mit Begleitheft. ●●●●●*
(**7033**-0) Diskette 5 1/4″ für IBM-PC + Kompatible, mit Begleitheft. ●●●●●*
(**7085**-3) Diskette 3 1/2″ für IBM-PC + Kompatible, mit Begleitheft. ●●●●●*

Schnell und sicher zum Führerschein
Tips und Tricks aus 30jähriger-Fahrschul-
Praxis.
(**0921**-6) Von O. Einert, 152 S., 156 Farbfotos, 161 z. T. farb. Zeichnungen, kart. ●●

FALKEN-Software
Schnell und sicher zum Führerschein
Intensivtraining mit dem amtlichen Fragenkatalog
(**7024**-1) Diskette für Atari ST 520/1040, mit
Begleitheft. ●●●●● *
(**7029**-2) Diskette für Amiga, mit Begleitheft.
●●●●●*

Erfolgreiche Bewerbung um einen Aus-
bildungsplatz
(**0715**-9) Von H. Friedrich, 128 S., kart. ●

Bewerbungsstrategien
Erfolgreiche Konzepte für Karrierebewußte
(**1027**-3) Von Dr. W. Reichel, 128 S., kartoniert. ●●

Karriereplanung mit System
Bewerbungsstrategien für erfolgsorien-
tierte Frauen
(**4455**-0) Von R. Ibelgaufts, 144 S.,
20 Cartoons, Pappband. ●●

Die Bewerbung
Der moderne Ratgeber für Bewerbungsbriefe,
Lebenslauf und Vorstellungsgespräche.
(**4138**-1) Von W. Manekeller, 264 S., Pappband. ●●●

Die erfolgreiche Bewerbung
Bewerbung und Vorstellung
(**0173**-8) Von W. Manekeller, U. Schoenwald,
144 S., kartoniert. ●●

Lebenslauf und Bewerbung
Beispiele für Inhalt, Form und Aufbau
(**0428**-1) Von H. Friedrich, 112 S., kart. ●

Erfolgreiche Bewerbungsbriefe und
Bewerbungsformen
(**0138**-X) Von W. Manekeller, U. Schoenwald,
88 S., kart. ●

Vorstellungsgespräche
sicher und erfolgreich führen
(**0636**-5) Von H. Friedrich, 144 S., kart. ●

Keine Angst vor Einstellungstests
Ein Ratgeber für Bewerber.
(**0793**-6) Von Ch. Titze. 120 S., 67 Zeichnungen, kart. ●

FALKEN-Software
Einstellungstests
(**7013**-6) Von B. Hoppius, Wendediskette für
C 64/C 128 PC, mit Begleitheft. ●●●● *

Die ersten Tage am neuen Arbeitsplatz
Ratschläge für den richtigen Umgang mit
Kollegen und Vorgesetzten
(**0855**-4) Von H. Friedrich, 104 S., kart. ●

Zeugnisse im Beruf
richtig schreiben, richtig verstehen
(**0544**-X) Von H. Friedrich, 112 S., kart. ●

So lernt man leicht und schnell
Maschinenschreiben
Lehrbuch für Schulen, Lehrgänge und Selbstunterricht. (**0568**-7) Von M. Kempkes, 112 S.,
48 Zeichnungen, kart. ●●

FALKEN-Software
Maschinenschreiben und Tastaturtraining
für Computer
(**7009**-8) Von B. Hoppius, Diskette 5 1/4″ u.
3 1/2″ für IBM-PC + Kompatible, mit Begleitheft. ●●●●●*

Maschinenschreiben im Selbstunterricht
(**0170**-3) Von A. Fonfara, 88 S., kart. ●

Buchführung leicht gemacht
Ein methodischer Grundkurs für den Selbst-
unterricht. (**4238**-8) Von D. Machenheimer,
R. Kersten, 252 S., Pappband. ●●●●

Buchführung leicht gefaßt
Für Handwerker, Gewerbetreibende und frei-
beruflich Tätige. (**0127**-4) Von R. Pohl,
104 S., kart. ●

Stenografie leicht gelernt
im Kursus oder Selbstunterricht
(**0266**-1) Von H. Kaus, 64 S., kart. ●

Gitarre spielen
Ein Grundkurs für den Selbstunterricht
(**0534**-2) Von A. Roßmann, 96 S., 1 Schall-
folie, 150 Zeichnungen, kart. ●●●

Das große Buch der
Antworten auf Kinderfragen
(**4477**-1) Von H. Hofmann, Ü. Kopp, G. Janko-
vics u. a., 192 S., 308 Farbzeichnungen,
Pappband. ●●●

Das neue, farbige
Jugendlexikon
(**4472**-0) Von J. Frey, D. Rex, 304 Seiten,
269 Farb- u. 52 s/w-Fotos, 6 Farbzeichn.,
Pappband. ●●●

Das große farbige Kinderlexikon
(**4195**-0) Von U. Kopp, 320 S., 493 Farbabb.
17 s/w-Fotos, Pappband. ●●●

Die Faszination der Philatelie
Briefmarken sammeln
(**4273**-6) Von D. Stein, 212 S., 124 s/w-Fotos,
24 Farbtafeln, Pappband. ●●●

Briefmarken sammeln
(**0481**-8) Von D. Stein, 120 S., 4 Farbtafeln,
98 s/w-Abbildungen, kartoniert. ●

Pfeiferauchen leicht gemacht
Die richtige Art, Tabak zu genießen
(**1026**-5) Von O. Pollner, 112 S., 125 Farbfotos, 5 zweifarbige-Abb., kart. ●●

Umweltschutz
Das Öko-Testbuch zur Eigeninitiative
(**4160**-8) Von M. Häfner, 352 S., 411 Farbfotos, 152 Farbzeichnungen, Pappband.
●●●●

Münzen
Ein Brevier für Sammler
(**0353**-6) Von E. Dehnke, 128 S., 4 Farbtafeln,
17 s/w-Abb., kart. ●●

Astronomie im Bild
Unser Sternenhimmel rund ums Jahr
(**0849**-X) Von Dr. E. Übelacker, 88 S., 48
Farbfotos, 1 s/w-Foto, 68 Farbzeichn., kart. ●●

Astronomie als Hobby
Sternbilder und Planeten erkennen und
benennen.
(**0572**-5) Von D. Block, 176 S., 16 Farbtafeln,
49 s/w-Fotos, 93 Zeichnungen, kart. ●●

Die Handschrift als Spiegel des Charakters
Graphologie
(**1025**-7) Von Dr. W. Busch, 104 S.,
87 Schriftproben, kartoniert. ●

Familienforschung · Ahnentafel ·
Wappenkunde
Wege zur eigenen Familienchronik
(**0744**-2) Von P. Bahn, 128 S., 8 Farbtafeln.
30 Abbildungen, kart. ●●

Familienforschung und Wappenkunde
(**4485**-2) Von P. Bahn, 224 S., 114
zweifarbige Abbildungen, Pappband. ●●●●

Wie Sie im Schlaf das Leben meistern
Schöpferisch träumen
Der Klartraum als Lebenshilfe
(**4258**-2) Von Prof. D. P. Tholey, K. Utecht.
280 S., 1 s/w-Foto, 20 Zeichn., Pappband.
●●●

Traumdeutung
Die Bildersprache unserer Traumwelt
entschlüsseln
(**4486**-0) Von G. Fink, 384 S., 74 zweifarbige
Fotos, Pappband. ●●●●

Wahrsagen mit Tarot-Karten
(**0482**-6) Von E. J. Nigg, 112 S., 52 s/w-Abb.,
Pappband. ●

Die 12 Tierzeichen
Chinesisches Horoskop
(**0423**-0) Von G. Haddenbach, 88 S., kartoniert. ●

Die 12 Sternzeichen
Charakter, Liebe und Schicksal.
(**0385**-4) Von G. Haddenbach, 136 S., kart. ●●

Partnerschaftshoroskop
Glück und Harmonie mit Ihrem Traumpartner.
(**0587**-3) Von G. Haddenbach, 112 S.,
11 Zeichnungen, kart. ●

Im Zeichen der Sterne
(**0951**-8) Der feurige Widder
(**0952**-6) Der willensstarke Stier
(**0953**-4) Die vielseitigen Zwillinge
(**0954**-2) Der feinfühlige Krebs
(**0955**-0) Der königliche Löwe
(**0956**-9) Die zuverlässige Jungfrau
(**0957**-7) Die charmante Waage
(**0958**-5) Der leidenschaftliche Skorpion
(**0959**-3) Der temperamentvolle Schütze
(**0960**-7) Der treue Steinbock
(**0961**-5) Der selbstbewußte Wassermann
(**0962**-3) Die romantischen Fische
Von G. Haddenbach, 64 S., 35 Farbfotos,
Pappband. ●

Humor und Unterhaltung

Heitere Vorträge
(0528-8) Von E. Müller, 128 S., 14 Zeichnungen, kart. ●

So feiert man Feste fröhlicher
Heitere Vorträge und Gedichte
(0098-7) Von Dr. Allos, 96 S., 15 Abb., kart. ●

Heitere Vorträge und witzige Reden
Lachen, Witz und gute Laune
(0149-5) Von E. Müller, 104 S., 44 Abb., kart. ●

Da lacht das Publikum
Neue lustige Vorträge für viele Gelegenheiten.
(0716-7) Von H. Schmalenbach, 96 S., kart. ●

Gereimte Vorträge
für Bühne und Bütt.
(0567-9) Von G. Wagner, 96 S., kart. ●

Narren in der Bütt
Leckerbissen aus dem rheinischen Karneval.
(0216-5) Zusammengestellt von T. Lücker, 112 S., kart. ●

Damen in der Bütt
Scherze, Büttenreden, Sketche
(0354-4) Von T. Müller, 136 S., kart. ●

Wir feiern Karneval
Festgestaltung und Reden für die närrische Zeit.
(0904-6) Von M. Zweigler, 120 S., 7 Zeichnungen, kart. ●

Helau und Alaaf 1 Närrisches aus der Bütt.
(0304-8) Von E. Müller, 112 S., 4 Zeichnungen, kart. ●

Helau und Alaaf 2
Neue Büttenreden für Sie und Ihn
(0477-X) Von E. Luft, 96 S., kart. ●

Helau und Alaaf 3
Neue Reden für die Bütt.
(0832-5) Von H. Fauser, 112 S., 13 Zeichnungen, kart. ●

Helau und Alaaf 4
Neue Büttenreden für Sie und Ihn
(0983-6) Hrsg. H. Fauser, 96 S., 15 s/w-Zeichn., zahlreiche Vignetten, kart. ●

Sketche und Blackouts zum Nachspielen
(0941-0) Von E. Cohrs, 112 S., 12 Zeichnungen, kart. ●

Vorhang auf!
Neue Sketche für jung und alt.
(0898-8) Von H. Pillau, 96 S., 22 Zeichnungen, kart. ●

Witzige Sketche zum Nachspielen
(0511-3) Von D. Hallervorden, 112 S., kart. ●●

Tolle Sketche
mit zündenden Pointen – zum Nachspielen.
(0656-X) Von E. Cohrs, 112 S., kart. ●

Vergnügliche Sketche
(0476-1) Von H. Pillau, 96 S., 7 Zeichn., kart. ●

Lustige Sketche
Kurze Theaterstücke für Jungen und Mädchen
(0669-1) Von U. Lietz, U. Lange, 96 S., kart. ●

Spielbare Witze für Kinder
(0824-4) Von H. Schmalenbach, 112 S., 30 Zeichnungen, kart. ●

Die besten Beamtenwitze
(0574-1) Von W. Pröve, 80 S., 39 Zeichnungen, kart. ●

Witzig, witzig
(0507-5) Von E. Müller, 128 S., 16 Zeichnungen kart. ●

Die besten Kinderwitze
(0757-4) Von K. Rank, 112 S., 28 Zeichnungen, kart. ●

Lach mit!
Witze für Kinder, gesammelt von Kindern.
(0468-0) Von W. Pröve, 96 S., 17 Zeichnungen, kart. ●

Spiele und Denksport

Neues Buch der siebzehn und vier Kartenspiele
(0095-2) Von K. Lichtwitz, 96 S., kart. ●

Alles über Pokern
Regeln und Tricks.
(2024-4) Von C. D. Grupp, 112 S., 29 Kartenbilder, kart. ●

Romme' und Canasta
in allen Variationen.
(2025-2) Von C. D. Grupp, 88 S., 24 Zeichnungen, kart. ●

Doppelkopf, Schafkopf, Binokel, Cego, Tarock und andere Stammtischspiele.
(2015-5) Von C. D. Grupp, 112 S., kart. ●

Black Jack
Regeln und Strategien des Kasinospiels.
(2032-3) Von K. Kelbratowski, 88 S., kart. ●

Spielend Skat lernen
unter freundlicher Mitarbeit des Deutschen Skatverbandes.
(2005-8) Von Th. Krüger, 120 S., 181 s/w-Fotos, 22 Zeichn., kart. ●

Patiencen
In Wort und Bild. (2003-1) Von I. Wolter-Rosendorf, 120 S., kart. ●

Neue Patiencen
(2036-8) Von H. Sosna, 160 S., 43 Farbtafeln, kart. ●●

Falken-Handbuch **Bridge**
Von den Grundregeln zum Turnierspiel.
(4092-X) Von W. Voigt und K. Ritz, 280 S., 792 Zeichnungen, gebunden. ●●●●

Spielend Bridge lernen
(2012-0) Von J. Weiss, 96 S., 58 Zeichnungen, kart. ●

Präzisions-Treff im Bridge
(2037-6) Von E. Jannersten, 152 S. kart. ●●

Spieltechnik im Bridge
(2004-X) Von V. Mollo und N. Gardener, deutsche Adaption von D. Schröder, 152 S., kart. ●●●

Neue Kartentricks
(2027-9) Von K. Pankow, 104 S., 20 Abb., kart. ●

Das japanische Brettspiel Go
(2020-1) Von W. Dörholt, 104 S., 182 Diagramme, kart. ●

Mah-Jongg
Das chinesische Glücks-, Kombinations- und Gesellschaftsspiel. (2030-9) Von U. Eschenbach, 80 S., 30 s/w-Fotos, 5 Zeichn., kart. ●

Backgammon
für Anfänger und Könner. (2008-2) Von G. W. Fink und G. Fuchs, 104 S., 41 Abb., kart. ●

Das Backgammon-Handbuch
(4422-4) Von E. Heyken, M. B. Fischer, 232 S., 400 Abbildungen, Pappband. ●●●●

Würfelspiele
für jung und alt. (2007-4) Von F. Pruss, 112 S., 21 s/w-Zeichnungen, kart. ●

Roulette richig gespielt
Systemspiele, die Vermögen brachten.
(0121-5) Von M. Jung, 96 S., zahlreiche Tabellen, kart. ●

Spiele für Party und Familie
(2014-7) Von Rudi Carrell, 80 S., 22 Zeichnungen, kart. ●

Neue Spiele für Ihre Party
(2022-8) Von G. Blechner, 120 S., 54 Zeichnungen, kartoniert. ●

Lustige Tanzspiele und Scherztänze
für Partys und Feste.
(0165-7) Von E. Bäulke, 80 S., 53 Abb., kart. ●

Das Spiel mit der Schwerkraft
Jonglieren
Mit Bällen, Keulen, Ringen und Diabolo.
(1009-5) Von S. Peter, 80 S., 149 Farbfotos, kartoniert. ●●

Magische Zaubereien
(0672-1) Von W. Widenmann, 64 S., 31 Zeichnungen, kart. ●

Zaubern
einfach – aber verblüffend.
(2018-X) Von D. Bouch, 84 S., 41 Zeichnungen, kart. ●

Scherzfragen, Drudel und Blödeleien
gesammelt von Kindern.
(0506-7) Hrsg. von W. Pröve, 80 S., 57 Zeichnungen, kart. ●

Kinderspiele
die Spaß machen.
(2009-0) Von H. Müller-Stein, 104 S., 28 Abb., kart. ●

Kinderspiele mit Buchstaben und Wörtern
(1041-9) Von Dr. U. Vohland, 96 S., 53 Zeichnungen, kartoniert. ●

Spiel und Spaß am Krankenbett
für Kinder und die ganze Familie.
(2035-X) Von H. Bücken, 96 S., 97 Zeichnungen, kart. ●

Spiele im Freien
(2038-4) Von G. Wagner, 88 S., 20 zweif. Zeichnungen, kartoniert. ●

Spiel und Spaß zu Hause
(2039-2) Von U. Geißler, 80 S., 90 zweifarbige Abbildungen, kart. ●

Spiel und Spaß auf Reisen
Für Kinder und die ganze Familie
(1085-0) Von U. Geißler, 80 S., 107 zweifarbige Zeichnungen, kart. ●

Guten Tag, Kinder!
Neue Texte mit Spielanleitungen fürs Kasperletheater. (0861-9) Von U. Lietz, 96 S., 18 s/w-Zeichnungen, kart. ●

Kasperletheater
Spieltexte und Spielanleitungen · Basteltips für Theater und Puppen.
(0641-5) Von U. Lietz, 114 S., 4 Farbtafeln, 12 s/w-Fotos, 39 Zeichnungen, kart. ●

Kindergeburtstage, die keiner vergißt
Planung, Gestaltung, Spielvorschläge.
(0698-5) Von G. und G. Zimmermann, 104 S., 80 Vignetten, kart. ●

Kindergeburtstag
Vorbereitung, Spiel und Spaß.
(0287-4) Von Dr. I. Obrig, 136 S., 40 Abb., 11 Zeichnungen, 9 Lieder mit Noten, kart. ●

Unvergeßliche Kinderfeste
Tolle Dekorationen, Spiele, Sketche für drinnen und draußen
(4457-7) Von Dr. G. Hennekemper, 192 S., 111 Farbfotos, 214 Farb- und 14 s/w-Zeichnungen, 4 Seiten Schnittmuster, Pappband. ●●●

Knobeleien und Denksport
(2019-8) Von K. Rechberger, 142 S., 105 Zeichnungen, kart. ●

Das Super-Kreuzwort-Rätsel-Lexikon
Über 150.000 Begriffe.
(4279-5) Von H. Schiefelbein, 688 S., Pappband. ●●

Computerbücher und Software

FALKEN Computer Lexikon
(4185-3) 312 S., 173 s/w-Fotos, Pappband.
●●●

Computer-Grundwissen
Eine Einführung in Funktion und Einsatzmöglichkeiten. (4359-7) Von Chr. T. Wolff, 176 S., 193 Farb- und 12 s/w-Fotos, 37 Computergrafiken, kartoniert. ●●● (4358-9) Pappband. ●●●●

Daten-Fernübertragung
Vom Akustikkoppler bis zum lokalen Netzwerk
(4325-2) Von P. C. den Heijer, R. Tolsma, 272 S., zahlreiche Abb., kartoniert. ●●●●●

Microsoft Excel
Tabellenkalkulationen, Geschäftsgrafik und Datenbank im Selbststudium für alle Versionen bis 2.1. Mit Tutor-Diskette.
(4333-3) Von P. Vogel, M. Hofmann, 176 S., 112 zweifarbige Abb., kartoniert. ●●●●●

Desktop Publishing: Typografie und Layout
Seiten gestalten am PC · für Einsteiger und Profis
(4330-9) Von Dr. H. D. Baumann, M. Klein, 320 S., zahlreiche zweifarbige Abb., Pappband. ●●●●●

Einführung in Pascal
Garantiert Pascal lernen durch schrittweise Erarbeitung
(4329-5) Von R. Röder, 270 S., durchgehend zweifarbig, Pappband. ●●●●●

Einführung in C
(4336-8) Von A. Janka, P. Welzig, 270 S., zahlreiche Abbildungen, mit Begleitdiskette 5 1/4˝, Pappband. ●●●●●

PC HELP!
Optimale Systemkonfiguration
CONFIG.SYS und AUTOEXEC. BAT
(4338-4) Von A. Görgens, 64 S., ca. 50 s/w-Abbildungen und Grafiken, kartoniert. ●●

PC HELP!
DOS-Kommandos richtig nutzen
(4339-2) Von A. Görgens, 64 S., ca. 50 s/w-Abbildungen und Grafiken, kartoniert. ●●

PC HELP!
Dateien retten mit Norton Utilities und PC-Tools
(4340-6) Von A. Görgens, 64 S., ca. 50 s/w-Abbildungen und Grafiken, kartoniert. ●●

PC HELP!
Batch-Dateien – DOS-Abläufe selber festlegen
(4341-4) Von A. Görgens, 64 S., ca. 50 s/w-Abbildungen und Grafiken, kartoniert. ●●

PC HELP!
Word – Serienbriefe
(4342-2) Von P. Vogel, 64 S., ca. 50 s/w-Abbildungen und Grafiken, kartoniert. ●●

PC HELP!
Geschäftsgrafiken mit Lotus 1-2-3
(4343-0) Von P. Vogel, 64 S., ca. 50 s/w-Abbildungen und Grafiken, kartoniert. ●●

PC HELP!
Die ersten Schritte mit dem PC
(4344-9) Von P. Vogel, H. Ebsen, 64 S., ca. 50 s/w-Abbildungen und Grafiken, kart. ●●

PC HELP!
Mehr Speicher unter DOS nutzen
(4345-7) Von K. O. Kuhl, 64 S., ca. 50 s/w-Abbildungen und Grafiken, kartoniert. ●●

PC HELP!
Viren erkennen und beseitigen
(4346-5) Von M. Hofmann, 64 S., ca. 50 s/w-Abbildungen und Grafiken, kartoniert. ●●

PC HELP!
dBASE-Relationen richtig nutzen
(4347-3) Von M. Hofmann, 64 S., ca. 50 s/w-Abbildungen und Grafiken, kartoniert. ●●

PC HELP!
Termine steuern mit FRAMEWORK III
(4348-1) Von M. Hofmann, 64 S., ca. 50 s/w-Abbildungen und Grafiken, kartoniert. ●●

PC HELP!
Listendruck mit dBASE und kompatiblen Programmen
(4349-X) Von M. Hofmann, 64 S., ca. 50 s/w-Abbildungen und Grafiken, kartoniert. ●●

FALKEN Software
Einstellungstets
Die optimale Vorbereitung für Bewerber
(7013-6) Wendediskette für C 64/C 128 PC, mit Begleitheft. ●●●●*

FALKEN Software
Schnell und sicher zum Führerschein
Intensivtraining mit dem amtlichen Fragenkatalog
(7024-1) für Atari ST 520/1040, mit Begleitheft. ●●●●●*
(7029-2) f. Amiga, mit Begleitheft. ●●●●●*

FALKEN Software
Maschinenschreiben und Tastaturtraining für Computer
(7009-8) Von B. Hoppius, Diskette 5 1/4˝ u. 3 1/2˝ für IBM PC + Kompatible, mit Begleitheft. ●●●●●*

FALKEN Software
Musterkorrespondenz in Deutsch, Englisch, Französisch, Italienisch, Spanisch
(7041-1) Diskette 5 1/4˝ für IBM-PC + Kompatible, mit Begleitbroschüre. ●●●●●*
(7051-9) Diskette 3 1/2˝ für IBM-PC + Kompatible, mit Begleitbroschüre. ●●●●●*

FALKEN Software
TEXAD
Text- und Adressenverwaltung
Mit Musterbriefen und Formularen für den privaten und geschäftlichen Bereich
(7017-9) für IBM-PC und Kompatible, Disk, 5 1/4˝, mit Begleitheft. ●●●●●*
(7048-9) Diskette 3 1/2˝, mit Handbuch. ●●●●●*
(7049-7) Demo-Version 5 1/4˝, ohne Handbuch. ●●*
(7050-0) Demo-Version 3 1/2˝, ohne Handbuch. ●●*

FALKEN Software
DOS-Tutor
DOS lernen, üben und beherrschen
(7020-9) Diskette 5 1/4˝ für IBM PC + Kompatible, mit Begleitheft. ●●●●●*
(7021-7) Diskette 3 1/2˝ für IBM PC + Kompatible, mit Begleitheft. ●●●●●*

FALKEN Software
Wirtschaftsrechnen in Beruf und Alltag.
(7037-3) Diskette für IBM PC + Kompatible, mit Begleitheft. ●●●●●*

FALKEN Software
Vokabeltrainer Englisch
Über 2000 Vokabeln und Redewendungen
(7001-5) Disk. für C 64/C 128 PC, mit Begleitheft ●●●●●*
(7007-1) Disk. für Atari ST 520/1040, mit Begleitheft. ●●●●●*

FALKEN Software
Take a Trip to Britain
Spielend Englisch lernen mit dem Computer
(7004-7) Diskette für C 64/C 128 PC, mit Begleitheft. ●●●●●*
(7039-X) Diskette 5 1/4˝ für IBM-PC + Kompatible, mit Begleitheft. ●●●●●*

FALKEN Software
The Grammar Master
(7002-0) Diskette für C 64/C 128 PC, mit Begleitheft. ●●●●*

(7030-6) für IBM PC + Kompatible, mit Begleitheft. ●●●●●*
(7031-4) für Atari ST 520/1040, mit Begleitheft. ●●●●●*
(7032-2) für Amiga, mit Begleitheft. ●●●●●*

FALKEN Software
From Coast to Coast
Travelling through the USA
(7040-3) Diskette 5 1/4˝ für IBM-PC + Kompatible, mit Begleitheft. ●●●●●*
(7061-6) Diskette 3 1/2˝ für IBM-PC + Kompatible, mit Begleitheft. ●●●●●*

FALKEN Software
Vokabeltrainer Französisch
Über 2000 Vokabeln und Redewendungen frei erweiterbar.
(7018-7) Systemdisk. + Wendedisk. für C 64/C 128 PC, mit Begleitheft. (7019-5) Disk. für IBM-PC + Kompatible, mit Begleitheft. ●●●●●*

FALKEN Software
Je finis, tu finis ... maîtrisez la grammaire française
Französische Grammatik lernen und beherrschen
(7053-5) Diskette 5 1/4˝ für IBM-PC + Kompatible, mit Begleitbroschüre. ●●●●●*
(7069-1) Diskette 3 1/2˝ für IBM-PC + Kompatible, mit Begleitbroschüre. ●●●●●*

FALKEN Software
Le monde des affaires en français
Wirtschaftsfranzösisch leicht gelernt
(7054-3) Diskette 5 1/4˝ für IBM-PC + Kompatible, mit Begleitbroschüre. ●●●●●*
(7068-3) Diskette 3 1/2˝ für IBM-PC + Kompatible, mit Begleitbroschüre. ●●●●●*

FALKEN Software
Vokabeltrainer Italienisch
Über 2000 Vokabeln und Redewendungen frei erweiterbar.
(7065-4) Diskette 5 1/4˝ für IBM-PC + Kompatible, mit Begleitbroschüre. ●●●●●*
(7064-0) Diskette 3 1/2˝ für IBM-PC + Kompatible, mit Begleitbroschüre. ●●●●●*

FALKEN Software
Vokabeltrainer Latein
Über 2000 Vokabeln und Redewendungen frei erweiterbar.
(7022-5) Von B. Hoppius, 2 Wendedisketten für C 64/C 128 PC, mit Begleitheft.
(7033-0) Diskette für IBM-PC + Kompatible, mit Begleitheft. ●●●●●*

FALKEN Software
Börsenfieber
Spielend spekulieren mit Geld und Aktien
(7016-0) für IBM PC + Kompatible, Diskette 5 1/4˝, mit Begleitheft. ●●●●●*
(7026-8) für C 64/C 128 PC mit Begleitheft, (7027-6) für Atari ST 520/1040, mit Begleitheft. ●●●●*
(7028-4) für Amiga, mit Begleitheft. ●●●●●*
(7044-0) für IBM PC + Kompatible, Diskette 3 1/2˝, mit Begleitheft. ●●●●●*
(7038-1) für C 64/128 C Kassette, mit Begleitheft. ●●●●*

FALKEN Software
Börsenfieber
Über 100 neue Ereignisse
(7066-7) Diskette 5 1/4˝ für IBM-PC + Kompatible, mit Begleitbroschüre. ●●●*
(7067-5) Diskette 3 1/2˝ für IBM-PC + Kompatible, mit Begleitbroschüre. ●●●*

FALKEN Software
Broker King
Cash und crash an der Terminbörse
(7057-8) Diskette 5 1/4˝ für IBM-PC + Kompatible, mit Begleitbroschüre. ●●●●●*
(7058-6) Diskette 3 1/2˝ für IBM-PC + Kompatible, mit Begleitbroschüre. ●●●●●*

Video

Hobby Aquarellmalen
Landschaft und Stilleben
(**6022**-X) VHS, 40 Min., in Farbe, mit Begleitheft. ●●●●*

Hobby Ölmalerei
Landschaft und Stilleben
(**6025**-4) VHS, 40 Min., in Farbe, mit Begleitheft. ●●●●*

Basteln mit Kindern
(**6041**-6) VHS, 60 Min., in Farbe, mit Vorlagen in Originalgröße, mit Begleitheft. ●●●*

Die Modelleisenbahn
Anlagenbau in Modultechnik
(**6028**-9) VHS, 30 Min., in Farbe. ●●●●*

Fit und Gesund
Körpertraining und Bodybuilding zu Hause
(**6013**-0) VHS, 30 Min., in Farbe, mit Begleitheft. ●●●●*

Golf
(**6053**-X) VHS, 60 Min., in Farbe, mit Begleitheft. ●●●●●*

Pflanzenjournal
Blumen- und Pflanzenpflege im Jahreslauf
(**6036**-X) VHS, 30 Min., mit Begleitheft.
●●●●*

Schnitt und Pflege von Bäumen und
Sträuchern
(**6050**-5) VHS, 45 Min., in Farbe, mit Begleitheft. ●●●●*

Aktfotografie
Gestaltung/Technik/Spezialeffekte
Interpretationen zu einem unerschöpflichen
Thema

(**6001**-7) VHS, 60 Min., in Farbe, mit Begleitheft. ●●●●●*

Videografieren
Technik/Bildgestaltung/Schnitt/Vertonung,
Filmen mit Video 8
(**6031**-9) VHS,
60 Min., in Farbe, mit Begleitheft. ●●●●●*

Videografieren perfekt
Profitricks für Aufnahmetechnik und Nachbearbeitung
(**6042**-4) VHS, (**6043**-2) Beta, (**6044**-4)
Video 8, 60 Min., in Farbe, mit Begleitheft.
●●●●●*

Streicheleinheiten für Körper und Seele
Partnermassage
(**6051**-3) VHS, 45 Min., in Farbe, mit Begleitheft. ●●●●●*

Reiseziel New York
Die schönsten Sehenswürdigkeiten, präzise
Informationen, praktische Tips
(**6048**-3) VHS, 60 Min., in Farbe, mit Begleitheft. ●●●●●*

Reiseziel Kalifornien
San Franzisko und die schönsten Ziele in
Kalifornien.
Präzise Informationen und praktische Tips
(**6049**-1) VHS, 60 Min., in Farbe, mit Begleit-
broschüre. ●●●●●*

Reiseziel Florida
(**6054**-8) VHS, 60 Min., in Farbe, mit Begleitheft. ●●●●●*

Reiseziel Hawaii
Das Paradies im Stillen Ozean
(**6063**-7) VHS, ca. 60 Min., in Farbe, Time-
code, Kompaktreiseführer mit Panoramakarte im Taschenformat. ●●●●●*

Info-Tour USA
Die Highlights aus dem
FALKEN Reiseprogramm
(**6060**-2) VHS, 30 Min., in Farbe, mit Begleitheft. ●*

Reiseziel USA
(**6055**-6) VHS, 60 Min., in Farbe, mit Begleitheft. ●●●●●*

Reiseziel Irland
(**6059**-9) VHS, 60 Min., in Farbe, mit Begleitheft. ●●●●●*

Reiseziel Norwegen
Rundreise zu den schönsten Fjorden, präzise
Informationen, praktische Tips.
(**6058**-0) VHS, ca. 60 Min., in Farbe, Time-
code, Kompaktreiseführer mit Panoramakarte im Taschenformat. ●●●●●*

Reiseziel Kanarische Inseln
Schöne Strände, interessante Exkursionen
(**6064**-5) VHS, ca. 60 Min., in Farbe, Time-
code, Kompaktreiseführer mit Panoramakarte im Taschenformat. ●●●●●*

Reiseziel Thailand
(**6065**-3) VHS, ca. 60 Min., in Farbe, Time-
code, Kompaktreiseführer mit Panoramakarte im Taschenformat. ●●●●●*

Reiseziel Berlin
Kultur, Shopping, Erlebnis
(**6067**-X) VHS, ca. 60 Min., in Farbe, Time-
code, Kompaktreiseführer mit Panoramakarte im Taschenformat. ●●●●●*

Körpersprache
verstehen und deuten
(**6046**-7) VHS, 60 Min., in Farbe, mit Begleitheft. ●●●●●*

Das erfolgreiche Vorstellungsgespräch
(**6047**-5) VHS, 60 Min., in Farbe, mit Begleitheft. ●●●●●*